Kauderwelsch
Band 64

Impressum

Doris Werner-Ulrich
Englisch – Wort für Wort
erschienen im
REISE KNOW-HOW Verlag Peter Rump GmbH
Hauptstraße 198, 33647 Bielefeld

5., komplett neugestaltete und
überarbeitete Auflage 1998

Bearbeitung Peter Rump
Umschlag Peter Rump (Foto: Wolfram Schwieder)
Layout-Konzept Günter Pawlak, FaktorZwo! Bielefeld
Layout Günter Pawlak
Fotos Wolfram Schwieder
Druck und Bindung Fuldaer Verlagsanstalt GmbH, Fulda

ISBN 3-89416-484-0
Printed in Germany

Dieses Buch ist erhältlich in jeder Buchhandlung der BRD, Österreichs, der Niederlande und der Schweiz. Bitte informieren Sie Ihren Buchhändler über folgende Bezugsadressen:

BRD Prolit GmbH, Postfach 9, D-35461 Fernwald (Annerod) sowie die Barsortimente

Schweiz AVA-buch 2000, Postfach 27, CH-8910 Affoltern

Österreich Mohr Morawa GmbH, Sulzengasse 2, A-1060 Wien

Benelux Assimil Benelux, 5-7 Rue des Pierres, B-1000 Bruxelles

Wer im Buchhandel kein Glück hat, bekommt unsere Bücher direkt bei: **Rump Direktversand**, Heidekampstraße 18, 49809 Lingen (Ems)

Zu diesem Buch ist eine **Tonband-Kassette** erhällich. Näheres dazu auf Seite 12.

Kauderwelsch

Doris Werner-Ulrich

Englisch

Wort für Wort

Reise Know-How
im Internet
www.reise-know-how.de
*Aktuelle Reisetips
und Neuigkeiten,
Ergänzungen nach
Redaktionsschluß,
Büchershop und
Sonderangebote
rund ums Reisen*

Der
Reise Know-How Verlag
Peter Rump GmbH
ist Mitglied der
Verlagsgruppe Reise Know-How

Kauderwelsch-Sprechführer sind anders!

Warum? Weil sie Sie in die Lage versetzen, wirklich zu sprechen und die Leute zu verstehen.

Wie wird das gemacht? Abgesehen von dem, was jedes Sprachbuch bietet, nämlich Vokabeln, Beispielsätze etc., zeichnen sich die Bände der Kauderwelsch-Reihe durch folgende Besonderheiten aus:

Die **Grammatik** wird in einfacher Sprache so weit erklärt, daß es möglich wird, ohne viel Paukerei mit dem Sprechen zu beginnen, wenn auch nicht gerade druckreif.

Alle Beispielsätze werden doppelt ins Deutsche übertragen: zum einen **Wort-für-Wort,** zum anderen in „ordentliches" Hochdeutsch. So wird das fremde Sprachsystem sehr gut durchschaubar. Denn in einer fremden Sprache unterscheiden sich z. B. Satzbau und Ausdrucksweise recht stark vom Deutschen. Ohne diese Übersetzungsart ist es so gut wie unmöglich, schnell einzelne Wörter in einem Satz auszutauschen.

Die **Autorinnen** und **Autoren** der Reihe sind Globetrotter, die die Sprache im Land selbst gelernt haben. Sie wissen daher genau, wie und was die einfachen Leute auf der Straße sprechen. Deren Ausdrucksweise ist nämlich häufig viel einfacher und direkter als z. B. die Sprache der Literatur.

Besonders wichtig sind im Reiseland die **Körpersprache, Gesten, Zeichen und Verhaltensregeln,** ohne die auch Sprachkundige kaum mit Menschen in guten Kontakt kommen. In allen Bänden der Reihe wird darum besonders auf diese Art der nonverbalen Kommunikation eingegangen.

Kauderwelsch-Sprechführer sind keine Lehrbücher, aber viel mehr als Sprachführer! Wenn Sie ein wenig Zeit investieren und einige Vokabeln lernen, werden Sie mit ihrer Hilfe in kürzester Zeit Informationen bekommen und Erfahrungen machen, die „taubstummen" Reisenden verborgen bleiben.

Inhalt

KEEP
RIGHT

Jeder hat es bestimmt schon einmal erlebt: man ist irgendwo im Urlaub, hat aber von der Landessprache keinen blassen Schimmer. Da kann man ganz unverhofft in Situationen kommen, in denen man sich auch nach verzweifelten Gestikulationsversuchen nicht verständlich machen kann. Denn wer ist schon so ein Sprachgenie, daß er all die Sprachen der Länder beherrscht, in die er reist? Es wird von den Einheimischen natürlich positiv aufgenommen, wenn man sich zumindest bemüht, in der Landessprache zu grüßen oder „bitte" und „danke" zu sagen. Das reicht aber nicht aus, um mit den Bewohnern oder Touristen aus anderen Ländern, die man im Urlaub kennenlernt, ein Gespräch zu führen.

Vorwort

Englisch ist zum Glück eine Sprache, die in vielen Regionen auch außerhalb des englischen Sprachraums zumindest einigermaßen verstanden und gesprochen wird. Wenn man sich also einmal überwunden hat, Englisch zu lernen, wird man es auf Reisen immer wieder anwenden können und müssen. Die Mühe lohnt sich also. Die englische Sprache ist für Sprecher des Deutschen zudem gar nicht so kompliziert, weil beide Sprachen der germanischen Sprachgruppe angehören, und es deshalb gewisse Ähnlichkeiten im Vokabular und in der Grammatik gibt.

Dieser Kauderwelsch-Sprechführer ist für Leute gedacht, die bisher kein Englisch gelernt haben oder die ihren bereits einige Jahre zurückliegenden Englischunterricht erfolgreich verdrängt haben. Dies ist ein Buch für Leser, denen es nicht um eine perfekte Ausdrucksweise geht, sondern die Englisch soweit beherrschen wollen, daß sie sich in allen möglichen Reisesituationen zurechtfinden können. Das Buch ist leicht zu handhaben und gibt dem Benutzer (hoffentlich!) Anregungen zum Weiterlernen.

Gebrauchsanweisung

Der Kauderwelsch Sprechführer Englisch besteht aus folgenden Teilen:

Grammatik
Konversationsteil
Englisch rund um die Welt
Liste der unregelmäßigen Verben
Wörterliste Deutsch-Englisch
Wörterliste Englisch-Deutsch

Bei der Behandlung der **Grammatik** beschränke ich mich auf das Wichtigste. Ich verzichte auf die Erklärung aller Details. Sie sind für die Verständigung nicht unbedingt notwendig, weil für viele der Gesprächspartner im Ausland Englisch auch eine Fremdsprache ist und ihnen die Fehler möglicherweise nicht auffallen. Wichtiger ist, daß man erst einmal die Scheu, in einer Fremdsprache zu reden, überwindet.

Dabei sollen die vielen Beispielsätze im **Konversationsteil** helfen. Für die Beispielsätze in den einzelnen Kapiteln wurden ganz bewußt einfache Satzstrukturen gewählt, die leicht angewandt, abgewandelt und ergänzt werden können. Dazu dienen die Wortlisten in den einzelnen Kapiteln, aber auch die zusammengefaßten **Wörterlisten im Anhang**. Diese umfassen jeweils ca. 1000 Begriffe aus dem allgemeinen Wortschatz.

Kauderwelsch-Begleitkassette

Falls Sie sich die Sätze, die in diesem Buch vorkommen, einmal von einem Muttersprachler gesprochen anhören möchten, können Sie sich die ***Kauderwelsch-Begleitkassette*** *zu diesem Buch besorgen, die über jeden Buchhändler zu beziehen ist. Sie bekommen sie aber auch beim Rump Direktversand, Heidekampstr. 18, D-49809 Lingen (Ems). Kostenpunkt: DM 14,80 plus DM 4,50 für Porto und Verpackung.*

Da sich im Englischen die Aussprache sehr stark von der Schreibweise unterscheidet, ist ebenfalls eine **Lautschrift** (*kursiv*) aufgenommen worden.

In allen Wortgruppen und Sätzen, deren deutsche Entsprechung nicht völlig mit dem Orginal übereinstimmt wurden **Wort-für-Wort-Übersetzungen** beigegeben, damit man die Satzstruktur leichter durchschauen kann. So kann man problemlos andere Wörter in die Beispiele einsetzen.

Aussprache/Betonung

So einfach vielen Leuten die englische Grammatik erscheint, so kompliziert ist die **Aussprache**. Da sind selbst Englischprofis nicht immer ganz sattelfest. Deshalb können hier nicht sämtliche Möglichkeiten der englischen Aussprache aufgeführt werden, zumal vieles von einer festen Regel abweicht. Auch die **Betonung** der englischen Wörter ist nicht so einfach lernbar. Da sie jedoch ziemlich wichtig ist, sind betonte Silben in der Lautschrift unterstrichen.

Das sollte einen nun aber nicht davon abhalten, englisch zu sprechen. Je mehr man nämlich in der Fremdsprache redet, desto schneller lernt man sie. Einen anderen Weg gibt es nicht.

Die Lautschrift

Mitlaute			
Buchstabe	Lautschrift	Aussprache	Beispiel
c	*k*	wie in „Kuh“	**clock** *(klock)*
c	*ß*	stimmloses „s“ wie in „Glas“	**circus** *(ßörkes)*
g	*g*	wie in „Gras“	**go** *(gou)*
g	*dsch*	wie in „Dschungel“	**George** *(dschordsch)*
j	*dsch*	dsch wie in „Dschungel“	**joke** *(dschouk)*
r	*r*	Zunge an den Gaumen und leicht zurückbiegen	**right** *(rait)*
s	*ß/ss*	stimmloses „s“ wie in „Glas“	**sell** *(ßell)*
sh	*sch*	wie in „Schuh“	**shoe** *(schuh)*
sch	*sk*	wie in „Skandinavien“	**school** *(ßkuhl)*
sp	*sp*	nicht wie im Deutschen schp, sondern mit stimmlosem „s“	**spell** *(späll)*
st	*st*	nicht wie im Deutschen scht, sondern mit stimmlosem „s“	**stone** *(stoun)*
th*	*đ*	Zunge an die oberen Vorderzähne/gelispeltes „s“	**that** *(đät)*
th*	*đ*	Zunge an die oberen Vorderzähne/gelispeltes „ß“	**thorn** *(đorn)*
v	*w*	wie in „Wagen“	**vote** *(wout)*
w	*w*	ein deutsches „w“ wird von den Leuten verstanden. Eigentlich wie ein ganz kurzes „u“	**window** *(windou)*
y	*j*	wie in „Jacke“	**yes** *(jäß)*
z	*s*	stimmhaftes „s“ wie in „Suppe“	**zoo** *(suh)*

* Viele Deutsche haben Schwierigkeiten, ein richtiges „**th**" hinzukriegen. Sollte es nach längerem Üben nicht klappen, kann man das „**th**" auch als ein „s" oder ein „ß" aussprechen. Sprecher anderer Sprachen finden das englische „**th**" auch schwierig. In manchen Regionen hört man statt „**th**" ein „d" oder „t".

Eine Verdopplung der Mitlaute (ck, nn, mm usw.) bedeutet wie im Deutschen, daß der vorangegangene Selbstlaut kurz ausgesprochen wird (z. B.: book = *buck*).
Ein „h" nach einem Selbstlaut dehnt diesen Selbstlaut (z. B.: all = *ohl*)

Alle andere Mitlaute sind wie im Deutschen auszusprechen oder dem Deutschen so ähnlich, daß sie hier nicht aufgeführt werden müssen.

Die Aussprache des „**er**" am Ende eines Wortes oder einer Silbe z.B. (letter) ähnelt mehr einem „a" wie im Deutschen: Mutter, Vater.
In der Umschrift wurde deshalb das „*er*" belassen: letter = *letter*.

Selbstlaute			
Buchstabe	**Lautschrift**	**Aussprache**	**Beispiel**
a	*ah*	wie in „Dame“	**last** *(lahßt)*
a	*ä*	etwa wie in „Wäsche“	**back** *(bäck)*
a	*ei*	nicht wie in „drei“, sondern e-i einzeln hintereinander	**name** *(neim)*
a	*oh*	langes, offenes „o“, etwa wie in „Dorn“, nur länger	**all** *(ohl)* **all** *(ohl)*
a/e	*e*	kurzes „e“ wie in „Dose“	**about** *(ebaut)* **the** *(đe)*
e	*ä*	wie in „nett“	**egg** *(ägg)*
e	*ie*	wie in „Tier“	**here** *(hier)*
e	*äe*	wie in „Herr“	**there** *(säer)*
i	*i*	wie in „dick“	**sick** *(ßick)*
i	*ai*	wie in „Ei“	**nice** *(naiß)*
i	*ö*	offenes, langes „ö“ wie in „Segeltörn“	**first** *(först)*
o	*au*	wie in „Laut“	**how** *(hau)*
o	*ou*	o-u schnell hintereinander	**own** *(oun)*
o	*o*	offenes „o“ wie in „Loch“	**not** *(nott)*
o	*oh*	langes, offenes „o“, etwa wie in „Dorn“	**short** *(schoht)*
o	*a*	etwa wie in „Affe“	**love** *(law)*
u	*a*	etwa wie in „Affe“	**bus** *(baß)*
u	*u*	wie in „pur“	**sure** *(schur)*

Die Lautschrift

Doppellaute			
Buchstabe	Lautschrift	Aussprache	Beispiel
ay, ai	*ei*	nicht wie in „drei“; e-i aufeinanderfolgend sprechen	**pay** *(pei)*
ea	*ö*	offenes, langes „ö“ wie in Röhre	**earn** *(örn)*
ea	*ih*	wie in „Dieb“	**lead** *(lihd)*
ee	*ih*	wie in „Dieb“	**see** *(ßih)*
ie	*ä*	ähnlich wie in „Wäsche“	**friend** *(frännd)*
ou	*au*	wie in „Laut“	**out** *(aut)*
oy	*oi*	wie in „heute“	**boy** *(boi)*
oo	*u*	kurzes „u“ wie in „Zuker“	**book** *(buck)*
oo	*uh*	langes „u“ wie in „Luke“	**cool** *(kuhl)*

Betonte Silben werden in der Lautschrift unterstrichen: z. B.:

expensive *ixpännßif*

Bei „ou“ in der Lautschrift ist das „o“ unterstrichen, weil es stärker betont wird als das „u“, z. B.:

go *gou*

Ein **Verbindungsstrich** zwischen zwei Wörtern zeigt an, daß sie ohne Sprechpause wie ein zusammenhängendes Wort ausgesprochen werden, z. B.:

an apple *enn_äppl*

Folgen in der Lautschrift drei Selbstlaute hintereinander, so wird durch einen **Längsstrich** gezeigt, welche Selbstlaute zusammen gehören, z. B.:

menstruation *mennstru¦eischen*

Toilets

Wörter, die fast in jedem Satz vorkommen

Es ist sinnvoll, sich zu Beginn einige sehr häufig auftretene Wörter einzuprägen. Ihre Kenntnis kann in vielen Situationen schon sehr gute Hilfe leisten.

yes	*jäß*	ja
no	*nou*	nein
maybe	*meibih*	kann sein (vielleicht)
perhaps	*pörhäpps*	vielleicht
thank you	*ðänk juh*	danke
please	*plihs*	bitte
and	*änd*	und
or	*or*	oder
with	*wið*	mit
without	*wiðaut*	ohne
right	*rait*	richtig/genau
wrong	*rong*	falsch
here	*hier*	hier
there	*ðär*	da/dort
this	*ðis*	dieser/diese/ dieses
that	*ðätt*	das da
Where is ...?	*wär is*	Wo ist ...?
Where are ...?	*wär ah*	Wo sind ...?

Artikel

Die meisten Ausländer, die Deutsch lernen müssen, verwenden sehr viel Mühe darauf, den Hauptwörtern den richtigen Artikel zuzuordnen. Das ist im Englischen ganz einfach, denn es gibt keine Unterscheidung der Hauptwörter nach dem Geschlecht und nur einen bestimmten Artikel für alle Hauptwörter: the.

the razor	**the socket**	**the wire**
ðe reiser	*ðe ßocket*	*ðe waier*
der Rasierapparat	**die** Steckdose	**das** Kabel

Beginnt das Hauptwort mit einem Selbstlaut, so wird the wie ðih ausgesprochen:

the apple	*ðih äppl*	der Apfel.

Der unbestimmte Artikel **a** gilt auch für alle Hauptwörter.

a car	**a brake**	**a house**
e kah	*e breike*	*e haus*
ein Auto	**eine** Bremse	**ein** Haus

Der unbestimmte Artikel „**a**“ wird kurz ausgesprochen wie das „e“ in „Hose“. Folgt ein Hauptwort, das mit einem Selbstlaut anfängt, so wird aus „**a**“ „**an**“:

an apple	*enn_äppl*	ein Apfel.

Hauptwörter (Substantive)

Einzahl/Mehrzahl

Im Englischen gilt die einfache Regel, daß an das Hauptwort in der Einzahl einfach ein **-s** angehängt wird, um die Mehrzahl zu bilden, egal wie kompliziert im Deutschen die Mehrzahlbildung des entsprechenden Wortes sein mag.

friend	**- friends**	**word**	**- words**
frännd	*- frännds*	*wörd*	*- wörds*
Freund	- Freunde	Wort	- Wörter

Wichtige Ausnahmen:

child	**- children**	**woman**	**- women**	**man**	**- men**
tschaild	*- tschildren*	*wummen*	*- wimmin*	*män*	*- menn*
Kind	- Kinder	Frau	- Frauen	Mann	- Männer

Endet ein Wort im Englischen in der Einzahl auf einem gesprochenen „**s**", so ändert sich in der Mehrzahl die Aussprache ein wenig. Das in der Einzahl stumme „**e**" am Ende des geschriebenen Wortes wird in der Mehrzahl wie ein kurzes „**i**" ausgesprochen.

house	**- houses**	**purse**	**- purses**
haus	*- hausis*	*pörs*	*- pörsis*
Haus	- Häuser	Geldbörse	- Geldbörsen

Es gibt auch Wörter, die entweder nur in der Einzahl oder nur in der Mehrzahl vorkommen. Besonders wichtig ist eine Reihe von Wörtern, die im Englischen nur in der Mehrzahl, im Deutschen dagegen in der Einzahl gebraucht werden. Dies gilt besonders für Gegenstände, die aus zwei gleichen Teilen bestehen (die Hose hat zwei Hosenbeine).

glasses	**trousers**
glahßis	*trausers*
die Brille	die Hose

Fürwörter (Pronomen)

Persönliche Fürwörter (Personalpronomen)

I	*ai*	ich
you	*juh*	du/Sie
he/she/it	*hi/schi/it*	er/sie/es
we	*wi*	wir
you	*juh*	ihr/Sie
they	*ei*	sie

„**You**" bedeutet außerdem noch „man".

*Die Probleme, die viele Deutsche bei der richtigen Anrede anderer Personen haben, gibt es im Englischen nicht. Ob man jemanden duzen oder siezen will, braucht man sich im Englischen nicht lange zu überlegen, denn es gibt nur eine Anrede: „***you***" (Du/Sie = Einzahl; Ihr/Sie = Mehrzahl).*

Cooke's
BAKERY
&Patisserie

Besitzanzeigende Fürwörter (Possesivpronomen)

my	*mai*	mein
your	*johr*	dein/Ihr
his/her/its	*his/hör/its*	sein/ihr/sein
our	*auer*	unser
your	*johr*	euer/Ihr
their	*ðär*	ihr

Hinweisende Fürwörter (Demonstrativpronomen)

this	*ðis*	diese, -r, -s
that	*ðätt*	jene, -r, -s
these	*ðihs*	diese (Mehrzahl)
those	*ðous*	jene (Mehrzahl)

Eigenschaftswörter (Adjektive)

Eigenschaftswörter haben im Englischen immer dieselbe Form, egal ob sie in der Einzahl oder in der Mehrzahl gebraucht werden:

a nice book *e naiß buck* ein schönes Buch	**nice books** *naiß bucks* schöne Bücher

Im Englischen gibt es zwei Möglichkeiten, Adjektive zu steigern.

Steigerung

Erste Möglichkeit:
Das Adjektiv erhält die Endung **-er** bzw. **-es**t:

Eigenschaftswort	1. Steigerung	2. Steigerung
cheap *tschihp* billig	**cheaper** *tschihper* billiger	**cheapest** *tschihpest* am billigsten

Zweite Möglichkeit: Vor das Adjektiv wird more (mehr) bzw. most (am meisten) gesetzt:

Eigenschaftswort	1. Steigerung	2. Steigerung
expensive *ixpennßif* teuer teuer	**more expensive** *mohr ixpännßif* mehr teuer teurer	**most expensive** *moust ixpännßif* am meisten teuer am teuersten

Wichtige Eigenschaftswörter

nice – ugly	*naiß – aggli*	schön, nett – häßlich
expensive – cheap	*ixpennßiff – tschihp*	teuer – billig
good – bad	*gudd – bäd*	gut – schlecht
near – far	*nihr – fah*	nah – weit
long – short	*long – schort*	lang – kurz
open – closed	*oupen – klousd*	offen – geschlossen
rich – poor	*ritsch – puhr*	reich – arm
hot – cold	*hott – kould*	heiß – kalt
clean – dirty	*klihn – dörti*	sauber – schmutzig
strong – weak	*strong – wihk*	stark – schwach
high – low	*hai – lou*	hoch – niedrig
dry –wet	*drai – wätt*	trocken – naß
slow	*slou*	langsam
quick/fast	*kwick/fahßt*	schnell
new, joung	*njuh, jang*	neu, jung
old	*ould*	alt
much, many	*matsch, männi*	viel, viele (zählbar)
little, few	*littl, fjuh*	wenig, wenige (zählbar)
engaged	*ingeidscht*	besetzt
free	*frih*	frei
simple	*ßimpl*	einfach
difficult	*diffikelt*	schwierig
true, right	*truh, rait*	wahr, richtig
wrong	*rong*	falsch
hard	*hahd*	hart
soft	*ßofft*	weich
stupid	*stjupidd*	dumm
clever	*klewwer*	schlau
dark	*dahk*	dunkel
bright	*brait*	hell, leuchtend
friendly	*frändli*	freundlich
unfriendly	*annfrändli*	unfreundlich

Nun kann man es sich leider nicht aussuchen, welche Art man lieber nimmt. Die einsilbig gesprochenen Eigenschaftswörter werden nach dem ersten Schema gesteigert, alle drei- und mehrsilbigen nach dem zweiten.

Die zweisilbigen Eigenschaftswörter können auf beide Arten gesteigert werden. Mit den genauen Regeln sollte man sich nicht belasten, da sowieso klar ist, was man ausdrücken will.

Ausnahmen von der Regel:

good	**better**	**best**
gudd	*bätter*	*best*
gut	besser	am besten
bad	**worse**	**worst**
bäd	*wörs*	*wörst*
schlecht	schlechter	am schlechtesten
little	**smaller**	**smallest**
littl	*ßmohler*	*ßmohlest*
klein	kleiner	am kleinsten

Der Vergleichen zweier oder mehrerer Personen/Dinge miteinander erfolgt im Englischen ähnlich wie im Deutschen.

1. **(not) as big as...**
   (not) äs big äs...
   (nicht) so groß wie...

2. **bigger than...**
   bigger ðänn...
   größer als...

   more comfortable than...
   mehr kammfertibbl ðänn...
   mehr bequem als...
   bequemer als...

In ganzen Sätzen sieht das dann so aus:

The beach in Acapulco is (not) as nice as in Brighton.
Ðe bihdsch in Acapulco is (nott) äs naiß äs in Braiten
Der Strand in Acapulco ist (nicht) so schön wie in Brighton.

This church is bigger than that one.
Ðiß tschördsch is bigger sänn sätt wann
Diese Kirche ist größer als jene.

This hotel is more comfortable than the youth hostel.
Ðiß houtell is mohr kammfertibbl sänn se juhß hostel
Dieses Hotel ist komfortabler als die Jugendherberge.

DONOHOE BROS
PORK
MOORE STREET 1
DONOHOE'S
FAMILY BUTCHERS-FINEST QUALITY MEATS
Donohoes FAMOUS SAUSAGES

Umstandswörter (Adverbien)

Ein Eigenschaftswort beschreibt ein Hauptwort näher. Umstandswörter hingegen beschreiben Tätigkeitswörter, Eigenschaftswörter oder einen ganzen Satz näher.

Eigentlich wäre es unnötig, sich mit den Umstandswörtern zu befassen, wenn nicht im Englischen die Umstandswörter, die von Eigenschaftswörtern abgeleitet werden, eine andere Form als das Eigenschaftswort annehmen würden. Darin unterscheidet sich das Englische vom Deutschen. Bei uns ist nicht unbedingt an der Form erkennbar, ob es sich um ein Umstandswort oder ein Eigenschaftswort handelt, so daß wir im Deutschen den Unterschied meist nicht bemerken. Im Englischen jedoch trägt das Umstandswort die Endung **-ly**.

He is a careful* driver.
Hi is e kärfel draiwer
Er ist ein vorsichtiger Fahrer.

Weil sich „careful" auf das Hauptwort bezieht, ist es ein Eigenschaftswort.

Durch Anhängen von **-ly** entsteht das Umstandswort:

He drives carefully.
Hi draiws kärfelli
Er fährt vorsichtig.

Weil sich „careful" hier auf das Tätigkeitswort bezieht, ist es ein Umstandswort.

He is extremely nervous.
Hi is ixtrihmli nörveß
Er ist extrem nervös.

„extremely" ist ein Umstandswort, weil es ein Eigenschaftswort (nervous) näher beschreibt.

Wenn man im Deutschen statt „normal" „normalerweise", statt „glücklich" „glücklicherweise" usw. sagt, weist das darauf hin, daß es sich um ein Umstandswort handelt. Dann muß an das englische Wort die Endung **-ly** angefügt werden.

Verben und Zeiten

Auch im Englischen bilden die Verben und deren Zeitformen ein Kapitel für sich. Im folgenden werden jedoch nur die vier wichtigsten Zeiten erläutert, die bei Gesprächen am häufigsten vorkommen:

1. **Gegenwart** (ich gehe),
2. **Vergangenheit** (er ging),
3. **vollendete Gegenwart** (du bist gegangen),
4. **Zukunft** (wir werden gehen)

Mit der Beherrschung dieser vier Zeitformen kann man alle Gesprächssituationen meistern. Auf das langwierige Gebimse der Unterschiede im Gebrauch von Vergangenheit und vollendeter Gegenwart kann hier getrost verzichtet werden, zumal viele „native speakers" (Leute, die Englisch als Muttersprache sprechen) die Unterschiede auch nicht ganz genau im Kopf haben.

Verlaufsform

Bevor ich mich den einzelnen Zeiten zuwende, sei gesagt, daß es im Englischen jeweils zwei Möglichkeiten gibt, eine Zeitstufe auszudrücken, nämlich die „einfache Form", die wir im Deutschen auch haben (I go = ich gehe), und die „Verlaufsform", die wir im Deutschen zwar bilden können, die aber bei uns nicht benutzt wird (I am going = ich bin gehend).

Es ist ratsam, beide Möglichkeiten zu beherrschen, zumindest aber zu wissen, daß es sie gibt, weil in der gesprochenen Sprache die Verlaufsform oft gebraucht wird. Ob man die Verlaufsform als Anfänger in der englischen Sprache verwendet, hängt davon ab, wie exakt man sich verständigen möchte. Falls einem eine solche Form im Gespräch begegnet, sollte man zumindest wissen, was es damit auf sich hat. Sie heißt deshalb Verlaufsform, weil damit ausgedrückt werden soll, daß etwas während eines bestimmten Zeitraums gerade geschieht, also gerade verläuft.

Übersetzt wird die Verlaufsform meist genauso wie die entsprechende einfache Form. Um den Aspekt des Verlaufs der Handlung im Deutschen zu unterstreichen, können solche Konstruktionen gewählt werden wie:

dabei sein, zu (gehen)
gerade (gehen)
beim (Gehen) sein

Gegenwart

einfache Form

Bei der Beugung der Verben im Deutschen wird in allen Zeiten - je nach Person - eine andere Endung an das Verb angehängt (ich gehe, du gehst ... usw.). Das Englische ist da viel einfacher, denn diese komplizierten Endungen fallen hier weg, jedoch mit einer Ausnahme in der Gegenwart: in der 3. Person Einzahl (he/she/it) wird an das Verb ein **-s** angehängt:

I	**eat**	*ai*	*iht*	ich	esse
you	**eat**	*ju*	*iht*	du	ißt
he/she/it	**eats**	*hi/schi/it*	*ihts*	er/sie/es	ißt
we	**eat**	*wi*	*iht*	wir	essen
you	**eat**	*ju*	*iht*	ihr	eßt
they	**eat**	*ðei*	*iht*	sie	essen

So simpel werden in der einfachen Form in der Gegenwart fast alle Verben gebeugt. Allerdings gibt es zwei wichtige Sonderfälle, nämlich die Verben „sein" (be) und „haben" (have). Die Beugung dieser Wörter muß man wohl oder übel lernen, weil man sie am häufigsten von allen Verben braucht.

Verben und Zeiten

I	**am**	*ai*	*äm*	ich	bin
you	**are**	*ju*	*ah*	du	bist
he/she/it	**is**	*hi/schi/it*	*is*	er/sie/es	ist
we	**are**	*wi*	*ah*	wir	sind
you	**are**	*ju*	*ah*	ihr	seid
they	**are**	*ðei*	*ah*	sie	sind

I	**have**	*ai*	*häw*	ich	habe
you	**have**	*ju*	*häw*	du	hast
he/she/it	**has**	*hi/schi/it*	*häs*	er/sie/es	hat
we	**have**	*wi*	*häw*	wir	haben
you	**have**	*ju*	*häw*	ihr	habt
they	**have**	*ðei*	*häw*	sie	haben

Verlaufsform

Die Verlaufsform kann im Deutschen auch gebildet werden: ich bin gehend/ du bist reisend ... usw. (d. h.: ich bin gerade dabei zu gehen, zu reisen ... usw.). Diese Formulierung, die für unsere Ohren reichlich gespreizt klingt, muß man wörtlich ins Englische übertragen, und schon hat man eine perfekte englische Verlaufsform. Dazu wird an das zweite Verb die Endung **-ing** angefügt.

I am travelling	*ai äm träwelling*	ich reise (bin reisend)
you are travelling	*ju ah träwelling*	du reist (bist reisend)
he/she/it is travelling	*hi/schi/it is träwelling*	er/sie/es reist (ist reisend)
we are travelling	*wi ah träwelling*	wir reisen (sind reisend)
you are travelling	*ju ah träwelling*	ihr reist (seid reisend)
they are travelling	*ðei ah träwelling*	sie reisen (sind reisend)

Auf diese Art und Weise können die meisten englischen Verben die Verlaufsform bilden.

they are sleeping	sie schlafen gerade	(sie sind schlafend)
I am smoking	ich rauche gerade	(ich bin rauchend)

Vergangenheit

Die Vergangenheit wird dann benutzt, wenn ein Vorgang wirklich vergangen und abgeschlossen ist. Besonders in Verbindung mit einer Zeitbestimmung der Vergangenheit muß die **Vergangenheit,** (z. B.: ich mietete) nicht die vollendete Gegenwart (z. B: ich habe gemietet) genommen werden.

Last year I rented an appartment.
Letztes Jahr mietete ich ein Appartment.

Zeitbestimmungen der Vergangenheit können sein:

last week	*lahßt wihk*	letzte Woche
yesterday	*jesterdei*	gestern
the day before	*ðe dei bifor*	vorgestern
a week ago	*ðe wihk egou*	vor einer Woche

einfache Form

Regelmäßige Verben bilden die Vergangenheit, indem an das Wort einfach ein **-ed** angehängt wird.

Im Anhang befindet sich eine Tabelle mit den wichtigsten unregelmäßigen Verben. Es ist empfehlenswert, unregelmäßige Verben, die man häufig braucht, auswendig zu lernen.

Ein Trost für alle, die glauben, daß es jetzt sehr kompliziert wird: bei der Beugung der Verben in der Vergangenheit verändert sich die Endung nicht.

I rented	*ai ränntid*	ich mietete
you rented	*ju ränntid*	du mietetest
he/she/it rented	*hi/schi/it ränntid*	er/sie/es mietete
we rented	*wi ränntid*	wir mieteten
you rented	*ju ränntid*	ihr mietetet
they rented	*ðei ränntid*	sie mieteten

Gleich jetzt sollte man die Vergangenheit von **have** (haben) und **be** (sein) lernen, da diese Formen häufig gebraucht werden:

I had	*ai häd*	ich hatte
you had	*ju häd*	du hattest
usw.		

had bleibt in allen Personen gleich.

I was	*ai wohs*	ich war
you were	*ju wör*	du warst
he/she/it was	*hi/schi/it wohs*	er/sie/es war
we were	*wi wör*	wir waren
you were	*ju wör*	ihr wart
they were	*ðei wör*	sie waren

Verlaufsform

Die Verlaufsform in der Vergangenheit soll ausdrücken, daß in einem vergangenen Zeitraum eine Handlung ablief. Dazu muß man statt „ich bin gehend“ sagen „ich war gehend“. An das Verb „sein“ in der Vergangenheit (s. o.) schließt sich das zweite Verb mit der Endung **-ing** an.

I was eating	*ai wohs ihting*	ich aß (war essend)
you were eating	*ju wör ihting*	du aßest (warst essend)
he/she/it was eating	....	er/sie/es aß (war essend)
we were eating	....	wir aßen (waren essend)
you were eating	....	ihr aßet (wart essend)
they were eating	....	sie aßen (waren essend)

Wenn man keine Lust hat, die Vergangenheitsform der unregelmäßigen Verben zu lernen, kann man sich gut behelfen, indem man statt der einfachen Form in der Vergangenheit die entsprechende Verlaufsform nimmt.

Vollendete Gegenwart

Die vollendete Gegenwart wird im Deutschen entweder mit einer Form von „haben“ oder“ sein“ gebildet (z. B. ich habe gemietet, ich bin gegangen). Das Englische ist da wesentlich praktischer. Die vollendete Gegenwart wird immer mit einer Form von „have“ (haben) gebildet. Daran schließt sich die Vergangenheitsform des betreffenden Verbs mit der Endung -**ed** an, z. B.: I have travelled (ich bin gereist); I have rented (ich habe gemietet).

I have travelled	*ai häw träwweld*	ich bin gereist
you have travelled	*ju häw träwweld*	du bist gereist
he/she/it has travelled	*hi/schi/it häs träwweld*	er/sie/es ist gereist
we have travelled	....	wir sind gereist
you have travelled	....	ihr seid gereist
they have travelled	....	sie sind gereist

Auch in der vollendeten Gegenwart sind viele Verben unregelmäßig. Man kommt also ohne die Tabelle der unregelmäßigen Verben nicht aus. Die Verlaufsform der vollendeten Gegenwart kann hier weggelassen werden. Sie ist zu kompliziert zu bilden. Die einfache Form reicht zur Verständigung aus.

Der Gebrauch der vollendeten Gegenwart unterscheidet sich im Englischen vom Deutschen. Während wir bei vielen Vorgängen, die in der Vergangenheit begannen und in der Gegenwart noch andauern, die Gegenwart nehmen, benutzen Engländer die vollendete Gegenwart:

I have lived in London for one year.
Ai häw liwwd in Landen for wann jier
Ich habe gelebt in London seit einem Jahr.
Ich lebe seit einem Jahr in London.

Für das deutsche Wort „seit“ gibt es zwei Übersetzungen: **since** und **for.** „Since“ bezeichnet einen festen Zeitpunkt, „for“ eine Zeitdauer.

Since Christmas she has waited for an answer.
Sinß Krißmeß schi häs weitid for enn ahnßer
Seit Weihnachten sie hat gewartet auf eine Antwort.
Sie wartet seit Weihnachten auf eine Antwort.

For three months she has waited for an answer.
For ðrih mannð schi häs weitid for enn ahnßer
Seit drei Monaten sie hat gewartet auf eine Antwort.
Seit drei Monaten wartet sie auf eine Antwort.

Zukunft

Es gibt mehrere Möglichkeiten, im Englischen die Zukunft auszudrücken. Ich werde mich hier auf die Zukunft mit „**will**" (werden) beschränken. Sie ist dem Deutschen sehr ähnlich und am gebräuchlichsten. Nach will bzw. shall in der 1. Person Einzahl und 1. Person Mehrzahl steht das Verb in ungebeugter Form.

I shall go	*ai schäll gou*	ich werde gehen
you will go	*ju will gou*	du wirst gehen
he/she/it will go	....	usw.
we shall go	....	
you will go	....	
they will go	....	

Die Deutschen nehmen häufig, wenn sie die Zukunft ausdrüken wollen, trotzdem die Gegenwart, z. B.: „Morgen gehe ich ins Schwimmbad.“ Das ist im Englischen im allgemeinen nicht möglich. Sachverhalte, die sich auf die Zukunft beziehen, müssen auch mit der Zukunftsform des Verbs ausgedrückt werden.

Modalverben

Modalverben werden in Verbindung mit einem Vollverb gebraucht. Sie drücken aus, daß eine Handlung ausgeführt werden kann, darf, muß ..., z. B.:

Person	Modalverb Gegenwart	Modalverb Vergangenheit	Vollverb
I	**can**	**could**	**read**
ai	*kähn*	*kudd*	*rihd*
ich	kann	konnte	lesen
she	**may**	**might**	**go**
schi	*mei*	*mait*	*gou*
sie	darf	durfte	gehen
they	**must**	**-***	**ask**
ðei	*maßt*	-	*ahßk*
sie	müssen	-	fragen

*Must kann die Vergangenheit nicht bilden. Die Ersatzredewendung ist **have to** (haben zu) in der Vergangenheit:

I had to leave my camera behind.
Ai häd tu lihw mai kämmera bihaind
Ich hatte zu (ver)lassen meine Kamera zurück.
Ich mußte meine Kamera zurücklassen.

Die Gegenwartsform der Modalverben ist unveränderlich. Es wird also bei „he/she/it" kein **-s** angehängt. Sie selbst können auch nicht die Verlaufsform bilden. Die Verneinung erfolgt durch **n't** oder „**not**", das an sie angehängt wird, z. B.: he mustn't go (er muß nicht gehen).

Will man die Modalverben in einer anderen Zeit als in der Gegenwart oder Vergangenheit anwenden, so muß man sie mit einem anderen Ausdruck umschreiben, z. B. statt „können": „in der Lage sein"/„fähig sein". Die Ausdrücke schaut man am besten im Wörterbuch nach, falls man sie braucht.

Das Modalverb „wollen" wird durch das Vollverb **want** übersetzt. Es kann, weil es ein Vollverb ist, alle Zeiten bilden und auch alleine stehen, also ohne ein nachfolgendes Verb. Folgt ein Verb, wird es mit **to** angeschlossen:

She wants another drink.
Schi wonnts ennaðer drink
Sie möchte einen anderen Drink.
Sie möchte/will einen weiteren Drink.

He didn't want to take her home.
Hi diddnt wonnt tu teik hör houm
Er tat nicht wollen zu bringen sie heim.
Er wollte sie nicht nach Hause bringen.

Verhältniswörter (Präpositionen)

Die nachfolgende Auflistung enthält die wichtigsten Verhältniswörter mit ihren Hauptbedeutungen. Natürlich gibt es noch viel mehr Verhältniswörter. Man kann sie zunächst ruhig so gebrauchen wie im Deutschen, auch wenn man manchmal daneben liegt.

at

at 8 o'clock *ätt eit e klock*	um 8 Uhr	*(zeitlich)*
at the moment *ätt ðe moument*	im Augenblick	*(zeitlich)*
at night *ätt nait*	in der Nacht/nachts	*(zeitlich)*
at home *ätt houm*	zu Hause	*(örtlich)*
at the bus stop *ätt ðe baß stopp*	an der Bushaltestelle	*(örtlich)*

on

on friday *onn fraidei*	am Freitag	*(zeitlich)*
on the table *onn ðe teibl*	auf dem Tisch	*(örtlich)*

in

(zeitlich)	**in 1975** *in naintihnhandridßewentifaif*	im Jahre 1975
(zeitlich)	**in the morning** *in ðe morning*	am Morgen/morgens
(örtlich)	**in London** *in Landen*	in London
	in English *in inglisch*	auf englisch

of

a cup of tea *e kapp off tih*	eine Tasse Tee
the songs of the Rolling Stones *ðe ßongs off ðe rouling stouns*	die Lieder von den Rolling Stones
a ring of gold *e ring off gould*	ein Ring aus Gold

Wortstellung im Aussagesatz

Die Wortstellung des englischen Aussagesatzes ist starrer festgelegt als im Deutschen. Es gilt folgende Reihenfolge der Satzglieder:

Subjekt (Satzgegenstand, wer oder was?) - **Prädikat** (Satzaussage) - **Objekt** (wen oder was?) oder:

Subjekt – Prädikat – Umstandsbestimmung.

wer? (Subjekt)	Prädikat	was? (Objekt)
Jill *dschill* Jill	**books** *bucks* bucht	**a trip.** *e tripp* eine Reise.

Anders als im Deutschen folgen im Aussagasatz Subjekt und Prädikat immer aufeinander. Diese Wortstellung wird im Gegensatz zum Deutschen auch dann beibehalten, wenn der Satz durch andere Satzglieder erweitert wird, z. B.:

Zeitbestimmung	Subjekt	Prädikat	Umstandsbestimmung
At nine o'clock *ätt neine klock* Um neun Uhr	**John** *Dschonn* John	**goes** *gous* geht	**to the museum.** *te de mjusiem* zu dem Museum.

Um neun Uhr geht John zum Museum.

Wortstellung im Aussagesatz

Auch in einem Satzgefüge, d. h. wenn Haupt- und Nebensätze verbunden sind, gilt diese Wortstellung.

Subjekt	Prädikat	Objekt	Bindew.	Subjekt	Prädikat
I *ai* Ich	**eat** *iht* esse	**a pizza,** *e pihtza* eine Pizza	**because** *bikohß* weil	**I** *ai äm* ich	**am hungry.** *hangri* bin hungrig.

Ich esse eine Pizza, weil ich hungrig bin.

Verneinung

Anders als im Deutschen muß man im Englischen bei der Verneinung der meisten Sätze in allen Zeiten ein Hilfsverb benutzen. Weil das normale Verb (Vollverb) immer in der Grundform bleibt, also nicht ausdrückt, in welcher Zeit oder Person es angewendet wird, muß diese Aufgabe ein Hilfsverb übernehmen. Ist im Satz noch kein Hilfsverb enthalten, wird eine verneinte Form von **do** (tun) eingefügt, die im Deutschen aber nicht übersetzt wird. In der Gegenwart lautet die verneinte Form von do: **do not**, in der 3. Person Einzahl: **does not**, in der Vergangenheit: **did not**.

Im gesprochenen Englisch wird das „not“ *(nicht) allerdings direkt an das Hilfsverb angehängt und kurz gesprochen.*
Do not *wird zu* don't.
Does not *wird zu* doesn't *(dasnt).*
Did not *wird zu* didn't *(dident).*

I don't	**see**	**the**	**problem.**
Ai dount	*ßih*	*ðe*	*problemm*
Ich tue nicht	sehen	das	Problem.

Ich sehe das Problem nicht.

Kommt in einem Satz, der verneint werden soll, ein anderes Hilfsverb vor, so wird dieses verneint. Do ist dann nicht nötig.

She	**can't**	**manage**	**her**	**laggage.**
Schi	*kahnt*	*mänidsch*	*hör*	*laggidsch*
Sie	kann nicht	managen	ihr	Gepäck.

Sie kommt mit ihrem Gepäck nicht zurecht.

Fragewörter/Fragesätze

Die Fragewörter sind verwirrend, da sie ähnlich klingen wie im Deutschen, aber oftmals eine andere Bedeutung haben.

where?	*wär*	wo?
what?	*wott*	was?
who?	*huh*	wer?
whom?	*huhm*	wen?
when?	*wenn*	wann?
why?	*wai*	warum?
how?	*hau*	wie?
how many?	*hau menni*	wieviele? (Anzahl)
how much?	*hau madsch*	wieviel? (Menge)
how long?	*hau long*	wie lange?

Wortstellung in Fragesätzen

Wenn das Fragewort Subjekt des Satzes ist, bleibt die normale Wortstellung (Subjekt - Prädikat - Objekt) im Fragesatz erhalten.

Subjekt	Prädikat	Objekt (wem?)	Objekt (was?)
Who	**told**	**you**	**that news?**
Huh	*tould*	*juh*	*ðätt njuhs*
Wer erzählte dir jene Neuigkeit?			

Doch kommt dieser Fall in Fragesätzen nur sehr selten vor. Man muß sich wohl oder übel an eine andere Wortstellung gewöhnen. Die ist allerdings für deutsche Ohren gar nicht so neu. Sie entspricht nur nicht dem korrekten Hochdeutsch. Wie in der Verneinung werden Fragen mit einer Form von „do" (tun) gebildet, die zwischen Fragewort und Subjekt tritt:

Fragewort	Hilfsverb	Subjekt	Verb	Objekt
Why	**do**	**you**	**take**	**the bus?**
Wai	*du*	*juh*	*teik*	*ðe baß*
Warum	tust	du	nehmen	den Bus?
Warum nimmst du den Bus?				

Fragewort	Hilfsverb	Subjekt	Verb
When	**does**	**the boat**	**leave?**
Wänn	*dahs*	*ðe bout*	*lihw*
Wann	tut	das Schiff	verlassen?
Wann legt das Schiff ab?			

Ist ein anderes Hilfsverb vorhanden, so wechselt es seine Stellung im Satz und dient zur Fragebildung.

Fragewort	Hilfsverb	Subjekt	Verb	Objekt
Where	**will**	**they**	**spend**	**their holidays?**
Wär	*will*	*ðei*	*spend*	*ðär hollideis*
Wo	werden	sie	verbringen	ihre Ferien?
Wo werden sie ihre Ferien verbringen?				

Natürlich können im Englischen auch Fragen ohne besonderes Fragewort gebildet werden. Die eben gezeigte Wortstellung wird beibehalten.

	Hilfsverb	Subjekt	Verb
Frage	**Does**	**the boat**	**leave?**
	Tut	*das Schiff*	*verlassen?*
	Legt das Schiff ab?		
Antwort	**Yes, it does.**	**No, it doesn't.**	
	Ja, es tut.	*Nein, es tut nicht.*	
	Ja	Nein	

Bei Fragen in der Vergangenheit sieht das so aus:

	Hilfs-verb	Subjekt	Verb	Objekt?
Frage	**Did**	**my brother**	**forget**	**this ticket?**
	Did	*mai braðer*	*fegett*	*ðis ticket*
	Tat	*mein Bruder*	*vergessen*	*seine Fahrkarte?*
	Hat mein Bruder seine Fahrkarte vergessen?			
Antwort	**Yes, he did.**		**No, he didn't.**	
	jess, hi did.		*nou, hi didnt*	
	Ja, er tat.		*nein, er tat nicht.*	
	Ja		Nein.	

Das Vollverb bleibt also unverändert. Die Vergangenheit wird durch die Vergangenheitsform von „do": „did" (tat) ausgedrückt, die in allen Personen gleich bleibt.

Bindewörter

Bindewörter sind eigentlich erst dann wichtig, wenn man schon etwas Englisch kann und längere Sätze bilden möchte. Hier nur die wichtigsten:

because	*bikohß*	weil (nicht am Anfang des Satzes)
but	*batt*	aber/sondern
if	*iff*	wenn/falls
and	*ännd*	und
although	*ohlđou*	obwohl
therefore	*đärfor*	deshalb
that	*đsätt*	daß

Beispiele:

This is my son and that is my daughter.
Đis is mai ßann ännd đätt is mai dohter
Dies ist mein Sohn und das ist meine Tochter.

He is really a polite man, but he's so boring.
Hi is rieli e pellait män, batt hihs ßou boring
Er ist wirklich ein höflicher Mann, aber er ist so langweilig.

Zahlen und Mengen

Die englischen Zahlen werden nach dem gleichen System gezählt wie bei uns.

Ab zwanzig werden jedoch die Einerstellen nach den Zehnerstellen, also umgekehrt wie im Deutschen, gezählt.

0	**zero**	*sihrou*
1	**one**	*wann*
2	**two**	*tuh*
3	**three**	*ðrih*
4	**four**	*for*
5	**five**	*faiw*
6	**six**	*ßix*
7	**seven**	*ßewwen*
8	**eight**	*eit*
9	**nine**	*nain*
10	**ten**	*tenn*
11	**eleven**	*ilewwen*
12	**twelve**	*twälw*
13	**thirteen**	*ðörtihn*
14	**fourteen**	*fortihn*
15	**fifteen**	*fifftihn*
16	**sixteen**	*ßixtihn*
17	**seventeen**	*ßewwentihn*
18	**eighteen**	*eitihn*
19	**nineteen**	*naintihn*
20	**twenty**	*twänti*
21	**twenty one**	*twänti wann*
22	**twenty two**	*twenti tuh*
30	**thirty**	*ðörti*
31	**thirty one**	*ðörti wann*
40	**forty**	*forti*
50	**fifty**	*fiffti*
60	**sixty**	*ßixti*
70	**seventy**	*ßewwenti*
80	**eighty**	*eiti*
90	**ninety**	*nainti*

100	**(one) hundred**	*hanndrid*
500	**five hundred**	*faiw hanndrid*
1000	**(one) thousand**	*ðausend*
10000	**ten thousand**	*tenn ðausend*
1000000	**one million**	*wann milljen*

Ordungszahlen

Mit Ausnahme der Zahlen eins bis drei entsteht die Ordnungszahl durch Anfügen der Endng -**th** an die Grundzahl.

1st	**first**	*först*
2nd	**second**	*ßäckend*
3rd	**third**	*ðörd*
4th	**fourth**	*forð*
5th	**fifth**	*fiffð*
10th	**tenth**	*tennð*
11th	**eleventh**	*elewwenð*
12th	**twelfth**	*twelfð*
13th	**thirteenth**	*ßörtihnð*
20th	**twentieth**	*twänntieð*
21st	**twenty first**	*twännti först*
22nd	**twenty second**	*twänti ßäckend*
once	*wanß*	einmal
twice	*twaiß*	zweimal
three times	*ßrih taims*	dreimal
four times	*for taims*	viermal
sometimes	*ßammtaims*	manchmal

Mengenangaben

some	*ßamm*	einige/einiges
any	*enni*	einige/einiges (bei Fragen und Verneinung)
every	*äwwri*	jeder/jede/jedes
no	*nou*	keiner/keine/keines
many	*männi*	viele (zählbare: Personen/Sachen)
much	*matsch*	viel (unzählbare Masse)
a lot of	*ellottoff*	viel/viele
a few	*efjuh*	ein paar/wenige
a little	*e littl*	ein wenig
a little bit	*e littl bitt*	ein bißchen
all	*ohl*	alle/alles
a kilo	*e kihlou*	ein Kilo
a pound of	*e paund off*	ein Pfund (von)
a litre	*e liter*	ein Liter
half of	*hahf off*	die Hälfte (von)
a quarter of	*e kwohter off*	ein Viertel (von)
a piece of	*e pihß off*	ein Stück (von)
a pair of	*e pär off*	ein Paar
some	*ßamm*	einige/ein paar

Zeitangaben

Uhrzeit

an hour	*enn auer*	eine Stunde
a minute	*e minnitt*	eine Minute
a second	*e ßäckend*	einne Sekunde
half an hour	*hahf enn auer*	eine halbe Stunde
a quarter of an hour	*e kwohter off enn auer*	eine Viertelstunde
in time	*in taim*	pünktlich

Uhrzeit

What's the time, please?
Wotts ðe taim, plihs
Was is' die Zeit, bitte?
Wieviel Uhr ist es, bitte?

Can you tell me the time?
Kän juh tell mi ðe taim
Können Sie erzählen mir die Zeit?
Können Sie mir sagen, wie spät es ist?

It's late/early.
Its leit/örli
Es ist spät/früh.

The train is late.
Ðe trein is leit
Der Zug ist spät.
Der Zug hat Verspätung.

The train arrives in time.
Ðe trein erraiws in taim
Der Zug kommt an in Zeit.
Der Zug ist pünktlich.

Zeitangaben

Bei Angaben der Uhrzeit bezieht man die erste bis dreißigste Minute einer Stunde mit „past“ („vergangen“, also „nach…“) auf die vorhergehende Stunde, die 31. bis 59. Minute mit „to“ („zu“, also „vor …“) auf die folgende volle Stunde.

2.24 **twenty four minutes past two**
twänti for minnittß pahst tuh
24 Minuten nach zwei

11.15 **a quarter past eleven**
e kwohter pahst ilewwen
ein Viertel nach elf

17.30 **half past five**
hahf pahst faiw
halb nach fünf
halb sechs

7.33 **twenty seven minutes to eight**
twänti ßewwen minnittß tu eit
zwanzig sieben Minuten vor acht
drei Minuten nach halb acht

15.45 **a quarter to four**
e kwohter tu for
ein Viertel vor vier
viertel vor vier

12.00 **twelve o’clock**
twälwe klock
zwölf Uhr

Besonders bei der Abfahrts- und Ankunftszeit von Zügen usw. werden die Grundzahlen genannt. Das ist so ähnlich wie im Deutschen, jedoch ohne „o'clock" (Uhr): 5.31 = five thirty one.

Die Engländer zählen die Uhrzeit immer nur bis zwölf und kennzeichnen die Zeit von Null Uhr bis zwölf Uhr mittags durch **a.m.** (*ei emm*), die Zeit von zwölf Uhr mittags bis Mitternacht durch **p.m.** (*pi emm*).

Allgemeine Angaben

day	*dei*	Tag
week	*wihk*	Woche
month	*mannð*	Monat
date	*deit*	Datum
yesterday	*jesterdei*	gestern
tomorrow	*temorrou*	morgen
today	*tedei*	heute

Tageszeiten

(in the) morning	*(in ðe) morning*	(am) Morgen
this morning	*ðiß morning*	heute Morgen
(at) lunch-time	*ätt lansch-taim*	(in der) Mittagszeit am Mittag
(in the) afternoon	*(in ðih) ahfternuhn*	(am) Nachmittag
evening	*ihwening*	Abend
tonight	*tunait*	heute abend
(in the) night	*(in ðe) nait*	(in der) Nacht

Wochentage

Sunday	*ßanndei*	Sonntag
Monday	*manndei*	Montag
Tuesday	*tjuhsdei*	Dienstag
Wednesday	*wännsdei*	Mittwoch
Thursday	*ðörsday*	Donnerstag
Friday	*fraidei*	Freitag
Saturday	*ßätterdei*	Sonnabend
on Monday(s)	*on manndei(ß)*	montags

Monate

January	*dschännjueri*
February	*febbrueri*
March	*mahtsch*
April	*eiprill*
May	*mei*
June	*dschuhn*
July	*dschulai*
August	*ohgest*
September	*ßäptember*
October	*oktouber*
November	*nouvember*
December	*dißämber*

Jahreszeiten

season	*ßihsen*	Jahreszeit
spring	*spring*	Frühling
summer	*ßammer*	Sommer
autumn	*ohtemm*	Herbst
winter	*winter*	Winter

In diesen Ländern ist Englisch Amtssprache

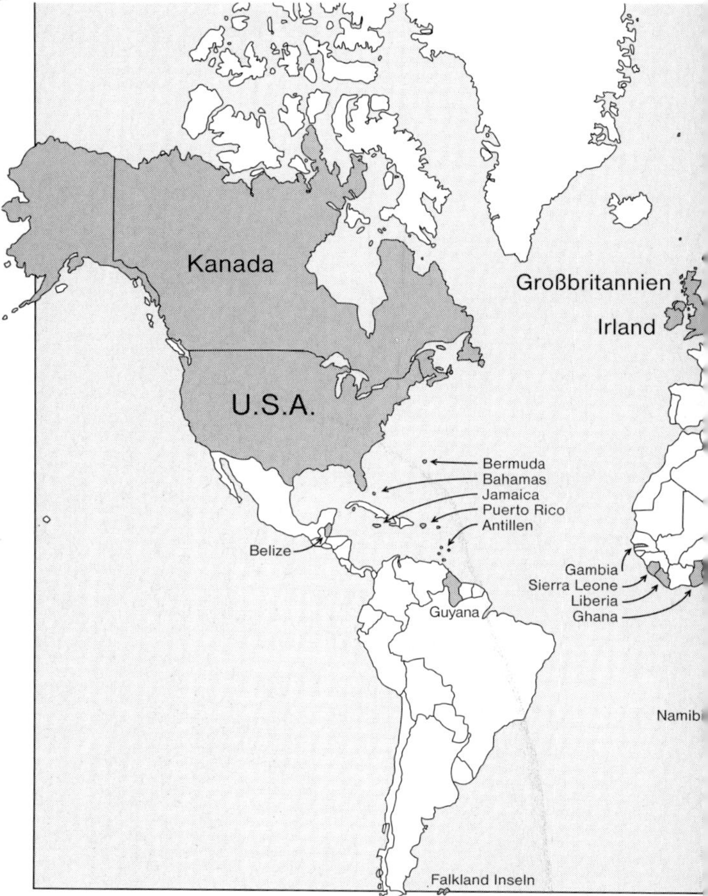

Bangladesch
Pakistan
Indien
Malaysia
Philippinen
Sri Lanka
Papua-
Neuguinea
Uganda
Kenia
Tansania
Sambia
Malawi
Zimbabwe
Botswana
Singapur
Australien
dafrika
Neuseeland

Cafe
ARBAT
ST
LAUNDROMAT
МЕБЕЛЬ
Clothes
PRIC
BUSTE
DENTIST
934-7771

Begrüßen

„Hello“ (*hellou*) ist die häufigste Begrüßung. Sie wird nicht nur von Leuten, die sich gut kennen, benutzt, sondern sie entspricht schon fast unserem „Guten Tag“. Ansonsten gibt es noch:

Good morning! *gudd morning*	Guten Morgen!
Good afternoon! *gudd ahfternuhn*	Guten Tag! (ziemlich formal)
Good evening! *gudd ihwening*	Guten Abend!

Übrigens: Es ist in England absolut unüblich, sich bei der Begrüßung die Hand zu geben.

Da für die Engländer das Thema Wetter schier unerschöpflich ist, flechten sie es manchmal sogar in ihre Begrüßung ein:

„Good morning, Mrs. Miller, lovely day, isn't it?“
Gudd morning, Missiß Miller, lahwli dei, isnt it
Guten Morgen, Frau Miller, schöner Tag, nicht wahr?

Wenn einem solch eine Begrüßung nicht gerade sympathisch ist, kann man natürlich auf die Wetterfloskeln verzichten.

How are you?
Hau ah ju
Wie bist Du/sind Sie?
Wie geht es Ihnen/Dir/Euch?

Thank you, I'm fine!
Tänk ju, aim fain
Danke Dir/Ihnen, ich bin fein!
Danke, mir geht es gut!

Vorstellen

Für Männer und Frauen gibt es folgende Anreden:

Mr.	*Mister*	Herr
Mrs.	*Missiß*	Frau
Miss	*Miß*	Fräulein

Da auch im englischen Sprachbereich viele Frauen die unterschiedlich Anrede für verheiratete und unverheiratete Frauen als diskriminierend empfinden, hat sich in den letzten Jahren eine neutrale Anrede durchgesetzt:

Ms.	*Mis*	Frau

What's your name?	**My name is Fritz.**
Wotts johr neim	*Mai neim is Fritz*
Was ist Ihr Name?	*Mein Name ist Fritz.*
Wie heißen Sie?	Ich heiße Fritz.

Briten und besonders US-Amerikaner reden sich viel schneller mit dem Vornamen an als Deutsche, die für solch schwieriges Unterfangen erst einmal kräftig über den eigenen Schatten springen oder sogar Brüderschaft trinken müssen (so etwas soll es ja noch geben!).

This is my ...		Das ist mein ...
husband	*hasbend*	Ehemann
wife	*waif*	Ehefrau
daughter	*dohter*	Tochter
son	*ßann*	Sohn
brother	*braðer*	Bruder
sister	*ßister*	Schwester
boyfriend	*boifrännd*	Freund
girlfriend	*görlfrännd*	Freundin
friend	*frennd*	Freund

„Boyfriend“ und „girlfriend“ werden nur benutzt, wenn man mit ihm/ihr eine Beziehung hat, sonst sagt man „friends“, egal ob es sich um einen Mann oder eine Frau handelt. Für diejenigen, die sich zu albern vorkommen, von ihrem dreißigjährigen „Freund“ als „boyfriend“ zu reden, gibt es seit einiger Zeit den Begriff „manfriend“. Daß sich „womanfriend“ auch durchgesetzt hätte, ist mir allerdings noch nicht aufgefallen.

Will man sich bei der Vorstellung ganz höflich geben, so kann man folgenden formvollendeten Satz aussprechen:

May I introduce you to my wife?
Mei ai intredjuhß ju tu mai waif
Darf ich vorstellen Sie zu meiner Frau?
Darf ich sie meiner Frau vorstellen?

Ist man jemandem vorgestellt worden, so kann man

How do you do?
Hau du ju du
Wie tun Sie tun?
Sehr erfreut?

sagen, worauf die andere Person mit derselben Floskel antwortet.

Verabschieden

Bei der Verabschiedung gibt es natürlich auch lockere und eher formale Redewendungen.

Good-bye! *gudd bai*	Auf Wiedersehen!
Good night! *gudd nait*	Gute Nacht!
Bye-bye! (oder nur **bye**) *bai bai*	Tschüß!
See you (later)! *ßih ju (leiter)*	Tschüß!
Cheerio! *tschihrio*	Tschüß!

Cheerio *bedeutet eigentlich „Prost“.*

Höflichkeitsfloskeln

Bitte/Danke

Unser Allerweltswort „bitte“ wird in verschiedenen Bedeutungen gebraucht. Nur, wenn es sich um einen Wunsch handelt, wird es mit „**please**“ übersetzt.

Pass me the butter, please!
Pahß mi ðe batter, plihs
Reichen mir die Butter, bitte!
Reichen Sie mir die Butter, bitte!

Bringt man jemandem etwas, worum man gebeten wurde, sagt man:

Here you are!
Hier ju ah
Hier Sie sind!
Bitte (sehr)!

Als Reaktion auf einen Dank, z. B. für ein Geschenk, sagt man:

You are welcome!
Ju ah wällkamm
Sie sind willkommen!
Bitte! Keine Ursache!

Als Antwort auf eine Entschuldigung:

That's all right!
Ðätts ohl rait
Jenes ist alles richtig!
Bitte!

Hat man jemanden nicht verstanden und möchte, daß die Äußerung wiederholt wird:

Pardon?
Pahden
Wie bitte?

Thank you!	Danke!
Thanks!	Danke!
Thank you very much!	Vielen herzlichen Dank!
Thank you, too!	Danke, gleichfalls!

Australisches Englisch

aus
Kauderwelsch
Band 48
Aussie-Slang

Was ist Aussie-Slang?

und wie unterscheidet es sich vom Englisch, das die Briten oder Amerikaner sprechen?

Zunächst ist festzustellen, daß die Umgangssprache eines Landes natürlich immer von den Menschen lebt, die sie benutzen. Den Slang prägen also die Aussis selbst, und die sind von ihrem Naturell her eher deftig, ein wenig rauh (wie das Land), meist herzlich, aber auch manchmal öberflächlig und fahrig.

Gesprochen wird nach dem Motto „nur soviel wie nötig, dafür aber so schnell wie möglich". Böse Zungen behaupten, Australier müssen in solch rasantem Tempo sprechen, um sich vor lästigen Fliegen zu schützen, die, sitzen sie erst einmal zwischen den Zähnen, dem Geschmack des geliebten Bieres doch sehr abträglich sind. Daher mag auch die Eigenart rühren, beim Sprechen den Mund kaum zu öffnen, dabei ganze Silben zu verschlucken und diesen Schwall von Undeutlichkeiten zudem noch mit (im Englischen gänzlich unbekannten) Kunstwörtern anzureichern.

Spracheigenheiten

Die historischen Eigetümlichkeiten der australischen Umgangssprache *Oz-Talk* wurden erheblich durch die Umwelt geprägt, in der die

Sprachschöpfer aufwuchsen. Nicht von ungefähr schwingt dem Slang immer ein leicht animalisch anmutender **Klang** bei:

- Aus dem klaren **i** wird ein blökendes **oi**: **„Oi loike“**
- Das einfache **a** wird mindestens verdoppelt: **„baaastard“**
- und **ay** wird stets **ie** ausgesprochen: **„yesterdie“**

Das eigentliche Geheimnis liegt aber in der **Schnelligkeit** des gesprochenen Wortes. Ganze Sätze werden in ein mehr oder weniger schwer verständliches Wortkorsett gepreßt.

So wird z. B. aus „Are you going to have a shower?“ im korrekten Australisch: „Yagunna avashower?“

- Das Verb **to do** wird grundsätzlich als für den Sprachgebrauch unwichtig angesehen. Einige Beispiele:

Jerwannaabekkie?	*Do you want a bisquit?*
Jergoda the party?	*Did you go to the party?*
Woss jer problem?	*What is your problem?*

- Steht ein **d, g** oder **t** am Ende eines Wortes und gleichzeitig hinter einem Konsonanten, so ist dies für den Australier Grund genug, diese Buchstaben einfach zu verschlucken, wie z. B. in Shoutin, rainin, las roun (last round).

- Eine weitere Eigenart des Aussie-Slang ist das konsequente Ignorieren des Buchstaben **h**: **av** statt have, **e** statt he oder **ows** statt how is.

Bekanntschaft

Woher kommen Sie?	**Where do you come from?** *Wär du ju kamm from* *Wo tun Sie kommen her?*
Wie alt sind Sie?	**How old are you?** *Hau ould ah ju*
Sind Sie verheiratet?	**Are you married?** *Ah ju märrihd*
Haben Sie Kinder?	**Have you got children?** *Häw ju gott tschildren* *Haben Sie bekommen Kinder?*
Wie lange sind Sie schon hier?	**How long have you been here?** *Hau long häw ju bin hihr* *Wie lange haben Sie gewesen hier?*
Ich verbringe meine Ferien hier.	**I'm spending my holidays here.** *Aim spänding mai hollideis hihr* *Ich bin verbringend meine Ferien hier.*
Was arbeiten Sie?	**What do you do for a living?** *Wott du ju du for e liwwing* *Was tun Sie tun für ein Leben?*

I'm a ...		Ich bin ...
shop-assistent	*schopp eßistent*	Verkäufer/in
car mechanic	*kah meckännik*	Autoschlosser/in
hair-dresser	*hähr dresser*	Friseur/in
clerk	*klahk*	Büroangestellte/r
nurse	*nörs*	Krankenschwester
joiner	*dschoiner*	Tischler/in
window-dresser	*windou dresser*	Dekorateur/in
hausewife	*haußwaif*	Hausfrau

Ich spiele gerne Tennis. **I like playing tennis.**
Ai laik pleiing tennis
Ich mögen spielen Tennis.

Finden Sie es gut hier? **Do you like it here?**
Du ju laik it hihr
Tun Sie mögen es hier?

Ja, es ist sehr schön. **Yes, it's wonderful.**
Jeß its wannderfull

Nein, es ist langweilig. **No, it's boring.**
Nou its boring

Der Strand ist überfüllt. **The beach is overcrowded.**
Đe bihtsch is ouwerkraudid

Dieser Ort ist ein Touristennest. **This place is a tourist haunt**
Đis pleiß is e tuhrist hohnt

Laß mich in Ruhe

Nervt einen das Gespräch oder will man einfach nur allein sein, so gibt es je nach Aufdringlichkeitsstufe unterschiedliche Redewendungen:

Tut mir leid, ich muß gehen.	**I'm sorry, I have to leave.** *Aim ßorri ai häw tu lihw* *Ich bin betrübt, ich habe zu verlassen.*
Lassen Sie/ Laß mich allein!	**Leave me alone.** *Lihw mi elloun* *Lassen mich alleine!*
Hau ab!	**Beat it!** *Biht* it *Schlag es!*
Verschwinde!	**Get lost!** *Gett loßt* *Bekommen verschwinden!*
Verpiß Dich!	**Piss off!**

Gefühle

Wenn man schon ein wenig routinierter im Englischsprechen ist, also nicht nur nach etwas fragt, sondern mit jemandem wirklich redet, braucht man Ausdrücke, die einem helfen, Gefühle mitzuteilen, z. B. Zustimmung oder Ablehnung.

I absolutely agree/disagree.
Ai äbbseluhtli egrih/disegrih
Ich absolut zustimme/nicht-zustimme.
Ich bin ganz Ihrer Meinung/nicht Ihrer Meinung.

In my opinion this is o.k.
In mai eppinnjen ðis is oukei
In meiner Meinung dies ist in Ordnung.
Meiner Meinung nach ist das in Ordnung.

I'm feeling great/bad at the moment.
Aim fihling greit/bäd ät ðe moument
Ich bin fühlend toll/schlecht an dem Moment.
Ich fühle mich momentan gut/schlecht.

I don't feel like having a walk.
Ai dount fihl laik häwwing e wohk
Ich tu nicht fühlen wie habend einen Spaziergang.
Mir ist jetzt nicht nach einem Spaziergang.

This is ...		Das ist ...
boring	*bohring*	langweilig
interesting	*inträßting*	interessant
weird	*wihrd*	blöd/komisch
strange	*streindsch*	seltsam
far-out	*faraut*	super

Sind Sie sicher?
Are you sure?
Ah ju schur

Ich kann es nicht glauben.
I can't believe it.
Ai kahnt bilihw it
Ich kann nicht glauben es.

Halt die Klappe!
Shut up!
Schattapp
Schließ ab!

Das nervt mich!
This makes me sick!
Is meiks mi ßick
Das macht mich krank!

Erotik

Dies ist wohl einer der wenigen Bereiche, in dem man sprachlich nicht so versiert sein muß, um auszudrücken, was man will. Ganz ohne Sprache oder Sprechversuche geht die Kommunikation natürlich auch hier nicht ab.

Wie wärs mit:

Have you got a light?
Häw ju gott e lait
Hast Du bekommen ein Feuer?
Hast Du mal Feuer?

Das ist zwar nicht sehr originell, aber es gibt schlechtere Möglichkeiten, mit jemandem in Kontakt zu kommen. Will man klären, ob ein Konkurrent/in auf der Bildfläche erscheint, kann man fragen:

Are you here on your own?
Ah ju hier onn johr oun
Bist Du hier auf Dein selbst?
Bist Du alleine hier?

Kriegt man dann die Antwort:

No, I'm not,
Nou, aim not
Nein, ich bin nicht.
Nein, bin ich nicht.

oder

I'm here with my girlfriend/boyfriend,
Aim hihr wið mai görlfrennd/boifrennd

sollte man seine Blicke lieber anderweitig schweifen lassen. Ansonsten kann man es mit einer Einladung versuchen.

Shall we have a drink?
Schäll wi häw e drink
Sollen wir haben einen Drink?
Wollen wir etwas trinken?

What about going to the Disco?
Wott ebaut going tu ðe Disco
Wie über gehend zu der Disco?
Wie wär's, wenn wir in die Disco gehen würden?

Daneben gegangen ist dieser Versuch, wenn man die Antwort erhält:

Are you kidding?
Ah ju kidding
Bist Du scherzend?
Spinnst Du?

Oder die Ausdrücke aus dem Kapitel „Laß mich in Ruhe". Vielleicht sagt sie/er ja auch:

Great!
greit
Groß!
Toll!

Farout!
faraut
Weit hinaus!
Super/sehr gut!

Dann hat man ins Schwarze getroffen. Wenn einem nichts Aufregenderes einfällt, kann man sich dann ja über den Urlaubsort oder sich selbst unterhalten. Darin müßte man ja inzwischen ganz gut sein.

Später:

I want to take you home.
Ai wonnt to teik ju houm
Ich möchte zu bringen Dich heim.?
Ich möchte Dich nach Hause bringen.

Shall we go to my place?
Schäll wi gou tu mai pleiß
Sollen wir gehen zu meinem Platz
Sollen wir zu mir gehen?

Wenn man bis jetzt erfolgreich war, ist alles andere auch nicht mehr so schwierig, zumal es jetzt nicht mehr so sehr auf die Sprachkenntnisse ankommt.

love	*law*	lieben, Liebe
in love	*in law*	verliebt
kiss	*kiß*	Kuß, küssen
pet/caress	*pätt/keräß*	streicheln
tell ... to push off	*pusch*	mit ... Schluß machen
make love	*meik law*	miteinander schlafen
knock a girl up	*nock e görl app*	einem Mädchen ein Kind machen
intercourse	*interkors*	Geschlechtsakt
fuck*	*fack*	bumsen
contraceptive	*kontraßäpptiw*	Verhütungsmittel
pill	*pill*	Pille
condom	*Kondem*	Pariser/Kondom
diaphragma	*daiefrägma*	Diaphragma
menstruation	*männstrueischen*	Menstruation
tampon	*tämpen*	Tampon
pregnancy	*prägnenßi*	Schwangerschaft
pregnant	*prägnent*	schwanger
venereal disease	*wännerel disihs*	Geschlechtskrankheit
penis	*pinis*	Penis
vagina	*wedschaine*	Vagina

** „fucking" kann auch „verdammt", „beschissen" heißen und liegt auf der gleichen Sprachebene wie im Deutschen.*

This is fucking good/bad.
Đis is facking gudd/bäd
Das ist verdammt gut/schlecht.

Wo ist ...?

Excuse me, please. Where is ...
Ixkjus mi, plihs. wär is ...
Entschuldigen mich, bitte. Wo ist ...
Entschuldigen Sie bitte, wo ist ...

Could you tell me the way to ...
Kudd ju täll mi ðe wei tu ...
Können Sie sagen mir den Weg zu ...?
Können Sie mir den Weg zu ... zeigen?

the railway station	*ðe reilwei steischen*	Bahnhof
the taxi rank	*ðe täxi ränk*	Taxistand
the travel agency	*ðe träwwell eidschenßi*	Reisebüro
the hotel	*ðih houtel*	Hotel
the airport	*ðih ärport*	Flughafen
the old part of ...	*ðe ould paht off ...*	alten Teil von ...

It's over there on the right.
Its ouwer ðär onn ðe rait
Es ist über dort auf das rechts.
Es ist da drüben auf der rechten Seite.

Wenn man an einer „tourist haunt" (Touristenheimsuchung = überfüllter Touristenort) ist, braucht man keine Infos einzuholen. Immer den Hinweisschildern und Menschenmassen nach!

Turn left into Queen's Street.
Törn läfft intu Quihns Striht
Abbiegen links in Königinn's Straße.
Biegen Sie links ab in die Quenn's Street.

Go straight on, it's opposite the church.
Gou streit on, its oppeßitt ðe tschörtsch
Gehen gerade am, es ist gegenüber der Kirche.
Gehen Sie geradeaus, es ist gegenüber der Kirche.

Unterwegs ...

... mit dem Flugzeug

Ich möchte gerne einen (Rück-)Flug nach N.Y. buchen.

I'd like to book a (return) flight to New York.
Aid laik tu buck e (ritörn) flait tu Nuh Jork
Ich würd' mögen zu buchen einen (Rück-) flug nach N.Y.

Landet das Flugzeug in Boston zwischen?

Is there a stopover in Boston?
Is ðär e stoppouwer in Bostenn?
Ist da eine Zwischenlandung in Boston?

Gibt es einen Anschlußflug nach Chicago?

Is there a connecting flight to Chicago?
Is ðär e kennäckting flait tu Schikago
Ist da ein Anschlußflug nach Chicago?

Ich muß meinen Flug nach ... stornieren.

I have to cancel my flight to ...
Ai häw tu känßl mai flait tu ...
Ich habe zu stornieren meinen Flug nach ...

Hat man sich einen Flugplan (timetable - *taim-teibl*) beschafft, so muß man folgende Begriffe und Abkürzungen kennen, um den Plan lesen zu können:

frequency	Häufigkeit
daily (ex Sa)	täglich (außer Samstag)
dep = departure	Abflug
arr = arrival	Ankunft
via Amsterdam	über Amsterdam
non stop	ohne Zwischenstopp

Wenn man nicht gerade ziemlich routiniert im Fliegen ist, kann so ein großer Flughafen schon sehr verwirrend und unübersichtlich wirken mit seinen Lautsprecheransagen, Schaltern, Abflughallen und riesigen Flugtafeln. Solch eine Flugtafel über die „departures“ (Abflüge) ist einfach zu entschlüsseln:

flight No.	Flugnummer
destination	Zielort
scheduled time	planmäßige Abflugszeit
cancelled	(der Flug ist) abgesetzt/gestrichen
delayed	verspätet
estimated time	voraussichtliche Abflugszeit
gate	Flugsteig

Auch die folgenden Aufschriften und Tableaus sind leicht zu entschlüsseln:

departure	*dipahtscher*	Abflug
departure lounge/hall	*lohndsch/hohl*	Abflughalle
arrival	*erraiwel*	Ankunft
announcement	*ennaunßment*	Ansage
exit	*äxit*	Ausgang
crew	*kruh*	Besatzung
booking	*bucking*	Buchung
fly	*flai*	fliegen
flight	*flait*	Flug
passenger	*pässendscher*	Passagier
airport	*ärport*	Flughafen
timetable	*taimteibl*	Flugplan
luggage/baggage	*laggidsch/bäggidsch*	Gepäck
information desk	*informeischendesk*	Info-Schalter
land	*länd*	landen
landing	*länding*	Landung
air-sickness	*är-ßickneß*	Luftkrankheit
emergency exit	*imördschenßi exit*	Notausgang
return flight	*ritörn flait*	Rückflug
counter	*kaunter*	Schalter
take-off	*teik-off*	Start/starten
destination	*destineischen*	Zielflughafen

... mit dem Schiff

When does the boat leave for Dover?
Wänn dahs ðe bout lihw for Douwer
Wann tut das Boot verlassen für Dover?
Wann geht das Schiff nach Dover?

How long does the crossing take?
Hau long dahs ðe krossing teik
Wie lange tut das Überqueren nehmen?
Wie lange dauert die Überfahrt?

How often does the car ferry run?
Hau offen dahs ðe kah färri rann
Wie oft tut die Autofähre rennen?
Wie oft geht die Autofähre?

I'd like to book ...
Aid laik tu buck
Ich würd' mögen zu buchen...
Ich möchte gern .... buchen.

a passage to ...
e päßidsch tu ...
einen Schiffsplatz nach ...

a single cabin
e ßingl käbbin
eine Einzelkabine

a double cabin
e dabbl käbbin
eine Doppelkabine

anchor	*änker*	Anker
call at	*kohl ätt*	anlaufen
lounge	*lohndsch*	Aufenthaltsraum
disembark	*dißembark*	ausbooten
leave	*lihw*	ablegen
boat	*bout*	Boot/Schiff
steamer	*stihmer*	Dampfer
ferry	*färri*	Fähre
lifeboat	*laifbout*	Rettungsboot
on deck	*on deck*	an Deck
harbour	*harber*	Hafen
yacht	*jott*	Jacht
coast	*koust*	Küste
lighthouse	*laithauß*	Leuchtturm
voyage	*woijidsch*	Schiffsreise
life-jacket	*laif-dschäckit*	Schwimmweste
crossing	*krossing*	Überfahrt

... mit der Bahn/dem Bus

Wo ist die Bushaltestelle/der Bahnhof?
Where is the bus stop/station?
Wär is ðe baß stopp/steischen

Eine Fahrkarte nach Bristol, bitte.
A ticket to Bristol, please.
E tickett tu Bristel, plihs

Was kostet eine Fahrkarte nach ...
How much is a ticket to ...
Hau matsch is e tickett tu ...
Wieviel ist eine Fahrkarte nach ...

Open a Clydesdale Bank student account. Or start economising.
OXGANGS
17
SALE

Wann geht ein Bus/ Zug nach ...	**When is there a bus/train to ...** *Wenn is ðär e baß/trein tu ...* *Wann ist da ein Bus/Zug nach ...*
Könnten Sie mir sagen, wann wir dort ankommen?	**Could you tell me when we get there?** *Kud ju tell mi wenn wi gett ðär* *Könnten Sie erzählen mir, wann wir ankommen da?*
Wo muß ich umsteigen?	**Where do I have to change?** *Wär du ai häw tu tscheindsch* *Wo tu ich haben zu wechseln?*
Von welchem Bahnsteig fährt der Zug nach ... ab?	**What platform does the train to ... leave from?** *Wott plättform dahs ðe trein tu ... lihw from* *Welchen Bahnsteig tut der Zug nach ... verlassen von?*

Anders als bei uns ist in anderen Ländern in Bus und Bahn der Bär los. Da kriegt man oftmals ganze Lebensgeschichten erzählt. Daß man sie nicht ganz versteht, macht fast nichts. Fotos von Ehemännern, Kindern, Enkeln usw. werden herumgezeigt. Mehr oder weniger aromatische Speisen werden ausgepackt, die man tapfer probieren muß. Da macht es sich ganz gut, wenn man sich zuvor das Kapitel „Kontakte" angeschaut hat.

terminus	*törmineß*	Endstation
driver	*draiwer*	Fahrer
direction	*dairekschen*	Richtung
departure	*dipahtscher*	Abreise
arrival	*erraiwel*	Ankunft
fast train	*fahßt trein*	Eilzug
couchettes	*kuschett*	Liegewagen
sleeper	*ßlihper*	Schlafwagen
express train	*ixpreß trein*	Schnellzug
single	*ßingl*	einfache Fahrt
return	*ritörn*	Rückfahrt
half	*hahf*	Kinderfahrkarte
seat reservation	*ßiht riserweischen*	Platzreservierung
subway	*ßabwei*	Unterführung
exit	*äxit*	Ausgang
(non-)smoker	*(nonn)ßmouker*	(Nicht-)Raucher
compartment	*kompartment*	Abteil
fare	*fär*	Fahrpreis
railway guide	*reilwei gaid*	Kursbuch

SMITH'S SER
SHELL
DIESOLINE
DIESEL
DIESE

... mit dem Auto

In vielen Ländern gibt es keine oder wenige Selbstbedienungstankstellen, deshalb erst einmal die Sätze fürs Tanken:

Where's the nearest petrol-station?
Wärs ðe nierest pättrell-steischen
Wo ist die nächste Tankstelle?

Full, please!
Full, plihs
Voll bitte!

Normal grade petrol for ten Dollars, please!
Normel greid pättrell for tenn Dollars, plihs
Normale Sorte Benzin für zehn Dollar, bitte!
Normalbenzin für zehn Dollar bitte!

In Großbritannien mißt man statt mit Litern mit Gallonen. Eine Gallone entspricht ca. 4,5 l.

Can you check the oil/battery/tyre pressure?
Kän ju tscheck ðih oil/bätterie/taire prescher
Können Sie prüfen das Öl/Batterie/
Reifendruck?
Können Sie das Öl/die Batterie/
den Reifendruck überprüfen?

Panne

Ich habe eine Panne!

I've had a breakdown!
Aiw häd e breikdaun
Ich habe gehabt eine Panne!

Können Sie mich abschleppen?

Can you take my car in tow?
Kän ju teik mai kah in tau
Können Sie nehmen mein Auto ins Schlepptau?

Ich hatte einen Unfall. Bitte rufen Sie die Polizei!

I've had an accident. Please call the police!
Aiw häd enn äckßident. Plihs kohl ðe pellihß
Ich habe gehabt einen Unfall. Bitte rufen die Polizei!

Der Blinker ist defekt.

There's something wrong with the indicator.
Ärs ßammßing rong wiß ði indikeiter
Da ist etwas falsch mit dem Blinker.

Die Batterie funktioniert nicht.

The battery is out of order.
Ðe bätteri is aut off order
Die Batterie ist aus von Ordnung.

Könnten Sie die Bremsleuchten reparieren?

Could you repair the brake-lights?
Kudd ju ripär ðe breik-laits
Könnten Sie reparieren die Bremsleuchten?

traffic-lights	*träffick-laits*	Ampel
motorway	*moutorwei*	Autobahn
starter	*starter*	Anlasser
battery	*bätteri*	Batterie
brakes	*breiks*	Bremsen
pressure	*präscher*	Druck
gear	*gier*	Gang
clutch	*klatsch*	Kupplung
steering wheel	*stiering wihl*	Lenkrad
engine	*endschin*	Motor
headlight	*häddlait*	Scheinwerfer
accident	*äckßident*	Unfall
jack	*dschäck*	Wagenheber
tools	*tuhls*	Werkzeug
windscreen	*windßkrihn*	Windschutzscheibe
car park	*kah park*	Parkplatz
parking meter	*parking mihter*	Parkuhr
driving licence	*draiwing laißenß*	Führerschein
road sign	*roud ßain*	Verkehrsschild
diesel fuel	*diesel fjuhl*	Dieselkraftstoff
super petrol	*ßjuper pättrell*	Superkraftstoff
regular petrol	*regjuler pättroll*	Normalbenzin

... per Anhalter

Trampen (hitch-hiking) ist neben dem Bus- oder Bahnfahren immer noch die beste Reisemöglichkeit, um die Bewohner eines Landes kennenzulernen, ohne sich sehr anzustrengen. Dabei kann man an dufte Typen, aber auch an schräge Vögel (weirdo - *wihrdu*) geraten.

Can you give me a ride/lift to ...?
Kän ju giw mi e raid/lift tu ...
Können Sie geben mir einen Ritt/Lift nach ...?
Können Sie mich nach ... mitnehmen?

Please, drop me over there.
Plihs, dropp mi ouwer är
Bitte, fallenlassen mich dort hinten.
Bitte setzen Sie mich dort hinten ab.

Englisch auf Neuseeland

aus
Kauderwelsch Band 45
Kiwi-Slang

Allgemeines zu Kiwi-Contry und -Englisch

Von uns aus gesehen liegt **Neuseeland,** auf der entgegengesetzten Seite des Erdballs. Nur zum Mond ist es weiter als zu unseren Antipoden. Ein Blick in den Atlas zeigt auch, wie isoliert dieser Inselstaat ist. Klar, daß die **Kiwis*** in der Sprache Eigenheiten entwickelt haben. Ihr Englisch klingt weitaus britischer als das der Aussies (Australier), aber in der Umgangssprache gibt es viel Gemeinsamkeiten mit den westlichen, 2000 km entfernten Nachbarn.

** Kiwis, das ist nicht nur das Wappentier und die gleichnamige Frucht sondern auch der Spitzname der Neuseeländer, den diese bevorzugt für sich selber gebrauchen*

Die **Aussprache** ist aber doch deutlich anders. Die Vokale sind oft auf charakteristische Weise verdreht, klingen flacher und gedehnter als im britischen oder Aussie-Englisch. Wenn man Kiwis sprechen hört (in Deutschland trifft man sie gehäuft während des Oktoberfestes in München), wird man verstehen, was gemeint ist.

Kiwi-Englisch ist, von den eingestreuten Maori-Brocken abgesehen, zuallererst eine Variante des British-Englisch; allerdings ist der affektierte upper class English accent, das Queen's English, im modernen Neuseeland out, auch wenn **E** (= Elizabeth) **II.** immer noch die Qeen von Neuseeland (ebenso wie von Australien, Kanada, usw.) ist. Wer heute so geschwollen redet, is talking with a plum in his mouth oder ist einer der vielen poms/pommies in disguise (pom - prisoner of Mother England). Das sind Kiwis, die sich dadurch verraten, daß sie weniger Bier vertragen als die echten und England ihre Heimat nennen, egal ob sie eine halbe Stunde oder ein halbes Leben in Neuseeland sind. Fast jeder (junge) Kiwi möchte aber doch einmal in Großbritannien gewesen sein, im Land der Vorfahren von über 80% der Bevölkerung.

Die **Schreibweise** von Wörtern wie centre, litre, theatre, behaviour, labour, neighbour, programme, traveller, license, practise, etc. folgt der englischen Tradition. In den USA werden diese Wörter so geschrieben: center, liter, theater, behavior, labor, nighbor, program, traveler, licence, practice, etc.

Eine große Zahl von Ausdrücken und Redewendungen, die einem Ami als seltsam oder abartig erscheinen mögen, sind nicht kiwi-spezifisch sondern British English. Tatsächlich hat sich das US-Englisch viel weiter von den Ursprüngen entfernt als das der Kiwis („U.K. and U.S.A. are seperated by the same language").

Einige persönliche Fürwörter werden bisweilen anders als im Standard-Englisch verwendet:

Persönliche Fürwörter

us statt **me**: **gizago**
Give us a go./ Give me a go.
Laß mich mal probieren.

me statt **my** **me house, me missus**
my house, my missus
mein Haus, meine Frau

she statt **it**: **She's a hot day today.**
It's a hot day today.
Es ist ein heißer Tag heute.

She'll be right, mate.
It'll be allright, man.
Keine Sorge, es wird schon klappen.

the statt **my** **The wife's gone shopping for the day.**
My wife has gone shopping for the day.
Meine Frau ist heute beim Einkaufen.

Abkürzungen

Was auffällt, ist die Tendenz der Kiwis (aber auch der Aussies) zum Verkürzen oder Zusammenziehen von Wörtern:

ta	thank you
veges	vegetables
ya	you

Noch typisch sind die auf **-y** oder **-ie** endenden Abkürzungen:

ciggies	cigarettes	Zigaretten
bikie	motor-cycle	Motorrad
kindy	kindergarten	Kindergarten
postie	postman, mail person	Briefträger
pozzie	position	Platz, Position

Unterkunft

Hotel/Pension

Hello, I'd like a single room/ double room for two nights.
Hellou aid laik e ßingl ruhm/dabbl ruhm for tuh naits
Hallo, ich würde mögen ein einzel Zimmer/ doppel Zimmer für zwei Nächte.
Hallo, ich hätte gerne ein Einzelzimmer/ Doppelzimmer für zwei Nächte.

How much is it?
Hau matsch is it
Wie viel ist es?
Wie teuer ist es?/ Was kostet es?

Is breakfast included?
Is bräckfest inkludid
Ist Frühstück inbegriffen?

reception	*rißepschen*	Rezeption/Anmeldung
lift/elevator	*lifft/elleweiter*	Aufzug
bathroom	*baðruhm*	Bad
bed	*bäd*	Bett
bedcover	*bädkawwer*	Zudecke/Bettdecke
sheet	*schiht*	Laken
shower	*schauer*	Dusche
towel	*tauel*	Handtuch
heating	*hihting*	Heizung
stove	*stouw*	Kocher
pillow	*pillou*	Kissen
lamp	*lämp*	Lampe
mattress	*mättreß*	Matratze
sleeping-bag	*ßlihping-bäg*	Schlafsack
key	*kih*	Schlüssel
mirror	*mirrer*	Spiegel
socket	*ßocket*	Steckdose
floor	*flohr*	Etage
electricity	*elektrißiti*	Strom
youth hostel	*juhð hostel*	Jugendherberge
accomodation	*eckemoudeischen*	Unterkunft
„bed and breakfast“	*bäd änd bräckfest*	Übernachtung mit Frühstück (in einer Pension)

In den meisten Hotels und Pensionen im Ausland muß man ein Anmeldeformular ausfüllen. In Großbritannien sieht es folgendermaßen aus:

Block capitals	Großbuchstaben
surname	Familienname
first name/ christian name	Vorname
home address	Heimatanschrift
date of arrival	Tag der Ankunft
number of nights stay	Anzahl der Übernachtungen
car registration No.	amtliches Kfz-Kennzeichen
Nationality	Nationalität
Passport No.	Paßnummer
Issued at	ausgestellt in
signature	Unterschrift

Campingplatz

Have you got a place for a small tent/caravan?
Häw ju gott e pleiß for e ßmohl tännt/kärrewänn
Haben Sie bekommen einen Platz für ein kleines Zelt/Wohnwagen?
Haben Sie einen Platz für ein kleines Zelt/ einen Wohnwagen?

Where are the washing-rooms/sockets?
Wär ah đe woßching-ruhms/ßocketts
Wo sind die Waschräume/Steckdosen?

campsite	*kämpßait*	Campingplatz
camper	*kämper*	Campingbus
toilet/lavatory	*toilet/läwwetri*	Toilette
drinking water	*drinking wohter*	Trinkwasser
basin	*beisin*	Waschbecken
water-tap	*wohter-täp*	Wasserhahn
caravan/trailer	*kärrewänn/treiler*	Wohnmobil
tent	*tännt*	Zelt

Nathan's
SINCE 1916
FAMOUS
75
Years
Nathan's
FAMOUS
Nathan's
FAMOUS INC.
PEN
YEAR
SEA FOOD

Restaurant

Je weiter man sich in die Gebiete wagt, in denen sich der deutsche Massentourismus (noch) nicht durchgesetzt hat, desto unwahrscheinlicher wird es, daß Kellner Deutsch radebrechen oder Speisekarten in Deutsch vorliegen. Mit Englisch kommt man wesentlich weiter, wenn man die jeweilige Landessprache nicht beherrscht. Zunächst einige Sätze, damit man überhaupt etwas bestellen kann.

Can we have the menu, please?
Kän wi häw ðe männju, plihs
Können wir haben die Speisekarte, bitte?
Können wir bitte die Speisekarte haben?

Der Kellner wird, wenn er die Speisekarte bringt, vielleicht sagen:

Here you are.
Hier Sie sind.
Bitte.

We would like to order.
Wi wudd laik tu order
Wir würden mögen zu bestellen.
Wir möchten gerne bestellen.

Im Englischen wird nicht „Guten Appetit“ gewünscht.

I'll have tomato soup and roast chicken, please.
Ail häw temahtou ßuhp änd roust tschicken
Ich werde haben Tomate Suppe und braten Huhn, bitte.
Ich hätte gerne eine Tomatensuppe und ein Brathuhn, bitte.

Can we have the bill, please.
Kän wi häw ðe bill, please.
Können wir haben die Rechnung, bitte.
Die Rechnung, bitte.

The meal was excellent/wasn't very good.
Ðe mihl wohs äxellent/wosnt wärri gudd
Das Essen war hervorragend/nicht sehr gut.

supper	*ßapper*	(kleines) Abendessen
aperitif	*aperitif*	Aperitif
ashtray	*äschtrei*	Aschenbecher
cutlery	*kattleri*	Besteck
bread	*brädd*	Brot
diet	*daiet*	Diät
ice-cream	*aiß krihm*	Eis
vinegar	*winneger*	Essig
fish	*fisch*	Fisch
meat	*miht*	Fleisch
breakfast	*bräckfest*	Frühstück
fork	*fork*	Gabel

course	*kors*	Gang
baked	*beikd*	gebacken
fried	*fraid*	gebraten
cover	*kawwer*	Gedeck
poultry	*pohltri*	Geflügel
vegetable	*wädschetebbl*	Gemüse
drink	*drink*	Getränk
spice	*spaiß*	Gewürz
glass	*glaß*	Glas
dinner	*dinner*	Hauptmahlzeit
chicken	*tschicken*	Huhn
coffee	*koffi*	Kaffee
cheese	*tschihß*	Käse
cook	*kuck*	Koch
herbs	*hörbs*	Kräuter
cake	*keik*	Kuchen
lunch	*lantsch*	Mittagessen
dessert	*desört*	Nachtisch
fruit	*fruht*	Obst
oil	*oil*	Öl
pepper	*päpper*	Pfeffer
veal	*wihl*	Rindfleisch
juice	*dschuhß*	Saft
salt	*ßohlt*	Salz
pork	*pohk*	Schweinefleisch
plate	*pleit*	Teller
vegetarian	*wädschetärien*	Vegetarier/vegetarisch
starter	*starter*	Vorspeise
game	*geim*	Wild

7N43
DESIGNER OUT
T444ART

Polizei

Wird man im Urlaub bestohlen, sollte man nicht allzu viel Hoffnung darauf haben, daß man seine Sachen zurückbekommt. Kommen persönliche Dokumente (Paß/Führerschein etc.) abhanden, nimmt man besser gleich Kontakt mit dem deutschen Konsulat bzw. der Botschaft auf.

Ich wurde überfallen.	**I was attacked.** *Ai wohs ettäckd*
Bitte rufen Sie die Polizei/einen Rechtsanwalt!	**Please call the police/a lawyer!** *Plihs kohl ðe pellihs/e lohjer*
Bitte informieren Sie die Deutsche Botschaft!	**Please inform the German embassy!** *Plihs inform ðe dschörmen embessi*
Mein Fotoapparat wurde gestohlen.	**My camera was stolen.** *Mai kämmera wohs stoulen*

I lost my ...		Ich habe mein(e/n) ... verloren.
wallet	*wollit*	Brieftasche
purse	*pörs*	Portemonnaie
suitcase	*ßjuht keis*	Koffer
luggage	*laggidsch*	Gepäck
driving-licence	*laißens*	Führerschein
identity card	*aidänntiti*	Personalausweis
passport	*paßpohr*	Paß

Ich habe nichts damit zu tun.
I have nothing to do with it.
Ai häw naðing tu du wið it
Ich habe nichts zu tun mit ihm.

Ich bin unschuldig.
I'm innocent.
Aim inneßent

Ich fühle mich von diesem Mann belästigt.
I feel pestered by this man.
Ai fihl pästerd bai ðis män
Ich fühle belästigt bei diesen Mann.

report	*ripoht*	jdn. anzeigen
wallet	*wollit*	Brieftasche
thief	*ðihf*	Dieb
camera	*kämmera*	Fotoapparat
prison	*prisen*	Gefängnis
money	*manni*	Geld
hand-bag	*händ-bäg*	Handtasche
suitcase	*ßjuhtkeis*	Koffer
murder	*mörder*	Mord
murderer	*mörderer*	Mörder
policeman	*polißmän*	Polizist
drugs	*draggs*	Drogen
accident	*äckßident*	Unfall
raid (on)	*reid (on)*	Überfall (auf)
(eye)witness	*(ai)wittness*	(Augen-)Zeuge
police-station	*poliß-steischen*	Polizeiwache
rape	*reip*	Vergewaltigung
key	*kih*	Schlüssel
Lost Property Office	*Loßt Property Offiß*	Fundbüro

Zoll

Beim Zoll kommt es hauptsächlich darauf an zu verstehen, was die Zöllner von einem wollen:

Your passport, please.
Johr pahßport, plis.
Ihren Paß, bitte.

Have you got anything to declare?
Häw ju gott enniðing tu diklär
Haben Sie bekommen irgendetwas zu verzollen?
Haben Sie irgendetwas zu verzollen?

Open your suitcase!
Oupen johr ßjuhtkeis
Öffnen Sie Ihren Koffer!

You have to pay duty!
Ju häw tu pei djuhti
Sie müssen Zoll zahlen!

entry (into)	*änntri (intu)*	Einreise (nach)
leaving the country	*lihwing ðe kanntri*	Ausreise aus
identity card	*aidänntiti kahd*	Personalausweis
customs	*kastems*	Zoll (Behörde)
duty	*djuhti*	Zoll (Geld)
duty-free allowances	*djuhti frih ellauenßis*	zollfreie Menge
goods	*gudds*	Waren
declare	*diklähr*	verzollen (deklarieren)
passport	*paßport*	Paß

Amerikanisches Englisch

Nun einige grundsätzliche Unterschiede zwischen dem amerikanischen (AE) und dem britischen Englisch (BE).

Im Amerikanischen haben sich einige, recht alte Wörter und Formen erhalten, die im Laufe der Zeit im britischen Englisch verschwunden sind. Es sind sozusagen Relikte aus der Zeit der Kolonialisierung, die dem Stand der derzeitigen Sprachentwicklung entsprechen. So sagen Amerikaner zum Beispiel **fall**, die Briten hingegen **autumn**, wenn sie „Herbst" meinen. In Amerika heißt „leihen" **to loan**, in England **to lend**.

Auf der anderen Seite hat sich in vielen Wörtern die Schreibweise in Amerika vereinfacht, sozusagen modernisiert. Auch Grammatikregeln werden nicht so strikt eingehalten, wie im Mutterland. Einige Beispiele:

AE	BE	
color	**colour**	Farbe
center	**centre**	Zentrum
traveler	**traveller**	Reisender

Dann gibt es den Bereich der „neuen Begriffe", die in Amerika aufgrund der unterschiedlichen Lebensweise und Entwicklung gebildet wurden. Natürlich stammen Begriffe wie robot, computer, supermarket, hamburger, micro-chip und microwave aus dem „Land der unbegrenzten

Möglichkeiten", aber auch in anderen Bereichen kam es zu eigenen Wortschöpfungen:

AE	BE	
farmer	**peasant**	Bauer
truck	**lorry**	LKW
elevator	**lift**	Fahrstuhl
cab	**taxi**	Taxi
freeway	**motorway**	Autobahn
subway	**underground**	U-Bahn
vacation	**holidays**	Ferien

Und zu guter letzt haben natürlich die verschiedenen Sprachen der Einwanderer und Ureinwohner ihre Spuren auch im Amerikanischen hinterlassen:

AE	Ursprung
squash	indianisch
boss	holländisch
dime	französisch
prairie	französisch
kindergarten	deutsch
schnaps	deutsch
ranch	spanisch
rodeo	spanisch

Auch heute noch haben viele Amerikaner ihren Orginal-Akzent nicht ganz abgelegt, und so fällt der Reisende mit deutschem Akzent nicht besonders auf. Obwohl natürlich die Aussprache der Amerikaner insgesamt gesehen breiter und langgezogener ist als etwa in England, hat man keine großen Verständigungsprobleme, zumindest nicht im Nordwesten. New Yorker sind recht gut zu verstehen. Im Süden kann es schon etwas schwieriger werden. Südstaatler benutzen beispielsweise anstelle von **you** *(= ihr) lieber* **y'all** *als Kurzform von* **you all**.

Bank und Geld

Wo kann ich Geld tauschen?

Where can I change money?
Wär kän ai tscheindsch manni
Wo kann ich tauschen Geld?

Ich möchte gerne 100 DM wechseln.

I'd like to change one hundred German marks (Deutschmark).
Aid laik tu tscheindsch wann handrid dschörmen marks
Ich würde mögen zu wechseln ein hundert Deutsche Mark.

Wie ist der Wechselkurs DM zu Escudos?

What's the rate of exchange German mark/Escudos?
Wotts đe reit off ixtscheindsch dschörmen mark/Escudos
Was ist die Rate von Austausch Deutsche Mark/Escudos?

Ich möchte diesen Scheck einlösen.

I want to cash in this cheque.
Ai wont tu käsch in đis scheck
Ich möchte zu einlösen in diesen Scheck.

bank	*bänk*	Bank
black market	*bläck mahkit*	Schwarzmarkt
cash	*käsch*	Bargeld
cash in	*käsch in*	einlösen
amount	*emmaunt*	Betrag
bill	*bill*	Geldschein
cash point	*käsch point*	Kasse
change	*tscheindsch*	wechseln/Kleingeld
coin	*koin*	Münze
counter	*kaunter*	Schalter
cheque	*scheck*	Scheck
sign	*ßain*	unterschreiben
signature	*ßignitscher*	Unterschrift
form	*form*	Fromular
rate of exchange	*reit of ixtscheindsch*	Wechselkurs
currency	*karrenßi*	Währung
cheque card	*scheck kahd*	Scheckkarte

Post

In vielen Länden muß man zum Briefmarkenkaufen nicht unbedingt auf die Post gehen, sondern es ist viel praktischer, sie in irgendwelchen Tabak- oder Souvenirläden zu kaufen.

Porto auf fünf Postkarten/Briefe nach Deutschland.

Postage on five postcards/letters to Germany.
Postidsch on faiw poustkahds/lätters tu Dschörmeni

Briefmarken für fünf Luftpostbriefe nach Österreich.

Stamps for five air-mail letters to Austria.
Stämps for faiw är-meil lätters tu Ohstria

Ich möchte ein Telegramm/einen Brief in die Schweiz schicken.

I want to send a telegram/a letter to Switzerland.
Ai wonnt tu ßänd e tellegrämm/e lätter tu switzerländ
Ich möchte zu senden ein Telegramm/einen Brief zu Schweiz.

Ist es möglich, von meinem Postsparbuch Geld abzuheben?

Is it possible to draw money from my post office savings book?
Is it possibl tu droh manni from mai poust offiß ßeiwings buck
Ist es möglich zu ziehen Geld von meinem Post-Amt-Spar-Buch?

send	*ßänd*	absenden
sender	*ßänder*	Absender
address	*eddräss*	Adresse
letter	*lätter*	Brief
letter-box	*lätterbox*	Briefkasten
stamp	*stämp*	Briefmarke
postman	*poustmän*	Briefträger
envelope	*ennwellopp*	Briefumschlag
express letter	*ixpräss*	Eilbrief
registered letter	*redschisterd*	Einschreiben
addressee	*eddräßih*	Empfänger
air-mail letter	*är meil*	Luftpostbrief
parcel	*pahßel*	Paket/Päckchen
postage (on)	*postidsch (on)*	Porto (für)
post office	*poust offiß*	Postamt
postcard	*poustkahd*	Postkarte
post office savings book	*poust offiß seiwings buck*	Postsparbuch
counter	*kaunter*	Schalter
telegram	*tällegrämm*	Telegramm

Telefonieren

Das Telefonieren im Ausland kann ganz schön nervenaufreibend verlaufen, und man kommt schweißgebadet aus der **Telefonzelle.** Das ist vor allem dann der Fall, wenn die Auslandsverbindungen per Hand vermittelt werden. Aus dem europäischen Ausland (außer den osteuropäischen Staaten) nach Deutschland zu telefonieren, stellt allerdings meist kein Problem dar. Das geht auch in den Telefonzellen ohne größere Nervenkrisen ganz gut.

In den letzten Jahren hat sich immer mehr verbreitet, bargeldlos, also mit speziellen **Scheckkarten,** zu telefonieren. Diese Karten muß man sich natürlich vorher bei der Post besorgen. Ist einem das zu kompliziert, geht man besser gleich zur Post in der Hoffnung, daß es dort sofort klappt.

In einigen Ländern sind die Telefone in den Zellen anders zu bedienen als bei uns. In Großbritanien z. B. nimmt man zuerst den Hörer (receiver) ab, wartet auf den Summton (continuous purring) und wählt dann die Nummer. Erst wenn dann das Zahlzeichen (kurze hohe Töne, die schnell aufeinanderfolgen = rapid pips) ertönt, wirft man die Münze ein (5 oder 10 pence Münze).

Wo ist die nächste Telefonzelle?	**Where is the nearest call-box?** *Wär is ðe nierest kohl-box*
Welche Vorwahl hat ...?	**What number do I dial for ...?** *Wott namber du ai dail for ...* *Was Nummer tu ich wählen für ...?*
Verbinden Sie mich bitte mit ...	**Would you give me ...** *Wudd ju giww mi ...* *Würden Sie geben mir ...*
Wann beginnt der Billigtarif?	**What time does the cheap rate begin?** *Wott taim dahs ðe tschihp reit biginn* *Was Zeit tut der billige Tarif beginnen?*
Die Leitung ist besetzt.	**The line is engaged.** *Ðe lain is ingeidschd*

hold the line!	*hould se lain*	Bleiben Sie am Apparat!
ring up	*ring ap*	jemanden anrufen
call	*kohl*	Anruf
lift the receiver	*rißiwer*	den Hörer abnehmen
dial straight through	*dail streit _ruh*	durchwählen
telephone directory	*tällefoun dairäckteri*	Telefonbuch
telephone number	*tällefoun namber*	Telefonnummer
call-box	*kohl-box*	Telefonzelle
dial	*dail*	wählen

Krank sein

Sollte der Griff in die Reiseapotheke zu keinem Erfolg führen, so kann es sehr hilfreich sein, wenn man beim Arzt oder in der Apotheke einige Redewendungen parat hat. Viele der medizinischen Fachausdrücke sind im Deutschen und Englischen sowieso gleich oder ähnlich.

Ich bin krank	**I'm ill.** *Aim ill*
Ich brauche einen Arzt.	**I have to see a doctor.** *ai häw tu ßih e dockter* *Ich habe zu sehen einen Arzt.*
Ich habe Kopfschmerzen/Bauchschmerzen.	**I have a headache/stomachache.** *Ai häw e häddeik/stammäckeik* *Ich habe einen Kopf-Schmerz/Bauch-Schmerz.*
Ich bin allergisch gegen Penicillin.	**I'm allergic to penicillin.** *Aim ellördschik tu pännißillin*
Ich habe Halsschmerzen.	**I have a sore throat.** *Ai häw e ßor ðrout* *Ich habe eine wunde Kehle.*
Meine Haut juckt.	**My skin is itching.** *Mai ßkinn is itsching* *Meine Haut ist juckend.*

Körperteile

arm	*ahm*	Arm
eye	*ai*	Auge
leg	*lägg*	Bein
appendix	*eppänndix*	Blinddarm
breast	*brest*	Brust
finger	*finger*	Finger
foot	*futt*	Fuß
face	*feiß*	Gesicht
neck	*neck*	Hals/Nacken
heart	*haht*	Herz
bottom	*bottem*	Hintern
bone	*boun*	Knochen
head	*hädd*	Kopf
mouth	*mauð*	Mund
nose	*nous*	Nase
back	*bäck*	Rücken
shoulder	*schoulder*	Schulter

Allgemeine Ausdrücke

chemist's shop	*kämmists schopp*	Apotheke
doctor	*dockter*	Arzt
be allergic to	*ellördschik*	allergisch gegen
catching/infectious	*kätsching/infektscheß*	anstekend
breathe	*brið*	atmen
treatment	*trihtment*	Behandlung
blood	*bladd*	Blut
fracture	*fräcktscher*	Bruch
diarrhoea	*daieribe*	Durchfall
vomit	*womit*	sich übergeben
cold	*kould*	Erkältung
have a temperature	*tämmpritscher*	Fieber haben
filling	*filling*	(Zahn-)Füllung
broken	*brouken*	gebrochen
vaccination card	*wäßineischen kaht*	Impfpaß
infection	*infäckschen*	Infektion
ill	*ill*	krank
hospital	*hospitell*	Krankenhaus
illness/disease	*illneß/disihs*	Krankheit
medicine	*mäddßin*	Medizin
prescription	*prißkripschen*	Rezept
x-raying	*ex-reiing*	röntgen
pain	*pein*	Schmerz
pregnant	*präggnent*	schwanger
have an injection	*indschäckschen*	eine Spritze bekommen
ointment	*ointment*	Salbe
tablet/pill	*täblett/pill*	Pille/Tablette
nausea	*nohsea*	Übelkeit
examination	*ixemineischen*	Untersuchung
burnt	*börnt*	verbrannt
hurt	*hört*	verletzt
dentist	*dänntist*	Zahnarzt

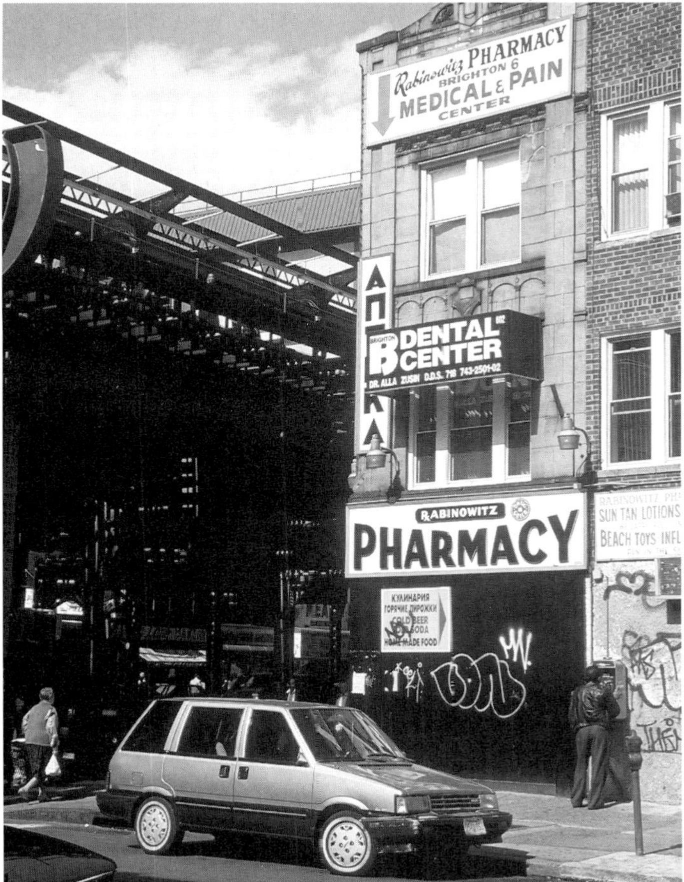
Rabinowitz PHARMACY
BRIGHTON 6
MEDICAL & PAIN
CENTER
АПТЕКА
BRIGHTON
DENTAL
CENTER
DR. ALLA ZUSIN D.D.S. 718 743-2501-02
RABINOWITZ
PHARMACY
SUN TAN LOTIONS
BEACH TOYS
КУЛИНАРИЯ
ГОРЯЧИЕ ПИРОЖКИ
COLD BEER
SODA
HOME MADE FOOD

Englisch auf dem Indischen Subkontinent

Neben Hindi ist Englisch die offizielle Landessprache in Indien, und ebenso ist es weitverbreitestes Kommunikationsmittel in Pakistan, Nepal, Bangladesh und Sri Lanka. Aufgrund der lokalen Einflüsse von Urdu, Hindi, Nepali, Bengali, Tamil, Singhalesisch u. v. a. Sprachen haben sich grammatikalische und aussprachemäßige Eigenarten entwickelt, die ganz typisch Indisch-Englisch klingen, aber auch so manchen Anglisten verwirren. Hinzu kommt, daß ein Teil des Vokabulars aus der Mottenkiste des Kolonial-Englisch stammt, das auch manchem Briten heute schwer verständlich sein dürfte.

Das indische Englisch weist somit Besonderheiten in Aussprache, Grammatik und dem Vokabular auf.

Aussprache

d, t: Da die indischen Sprachen als einzige auf der Welt retroflexe Konsonanten aufweisen, das heißt Konsonanten, zu deren Aussprache die Zunge an den Gaumen gedrückt und etwas zurückgerollt wird, sprechen die Bewohner des Subkontinents alle **t'** s und **d'**s auf diese Weise aus. Wie das klingt, läßt sich schwerlich beschreiben, man lasse sich aber von Indern einmal die Worte **dad, market, tomato, potato** o. ä. vorsprechen. Wer diese Laute beherrrscht, kann praktisch den indischen Akzent parodieren.

a, o: Die indischen Sprachen verfügen über lange und kurze Vokale, was dazu führt, daß Inder (Pakistaner, Nepalesen etc.) bei englischen Vokabeln oft nicht wissen, wie sie die Vokale auszusprechen haben. Das macht sich besonders bei den **a**'s und **o**'s bemerkbar. Diese werden somit häufig lang gesprochen, möglicherweise sogar noch mit Nasalierung. Beispiele: **hall** wie *haal,* **ball** wie *baal,* **frog** wie *fraag,* **clock** wie *claak* usw.

th: Die indischen Sprachen verfügen über eigene **th**-Laute, so daß das englische th so behandelt wird, als wäre es ein indisches. Dabei wird es wie ein t ausgesprochen, dem ein **h** hinterhergehaucht wird, also wie **t-h**. Beispiel: *baat-h* statt bath, *paat-h* statt path etc.

Zusatz-i: Zahlreiche Worte, die im Englischen mit einem **s** beginnen, bekommen der leichteren Aussprache zuliebe ein **i** vorangestellt. Beispiele: **i-stämp** statt stamp, **i-skuul** statt school etc.

Grammatik

Da die indischen Sprachen weder einen bestimmten noch einen unbestimmten Artikel kennen, wird dieser auch im Englischen oft weggelassen. Beispiel:

Yesterday I went to market and bought pineapple.

statt **Yesterday I went to the market and bought a pineapple.**
Gestern ich ging zum Markt und kaufte eine Ananas.
Gestern ging ich zum Markt und kaufte eine Ananas.

Vokabular

Zahlreiche Vokabeln, die aus den Kolonialzeiten Englands stammen und im englischen Mutterland längst in Vergessenheit geraten sind, werden noch genutzt. Beipiele:

grub = Speise, **to have grub** = essen, **tiffin** = Mittagessen, **tiffin box** = Henkelmann, **sleuth** = Detektiv, **nab** = einfangen (z. B. einen Ganoven), **latrine** = Toilette, **urinal** = Pissoir, u.a.

Dazu kommt eine Reihe von indisch-englischen Wortschöpfungen, wie **pantpiece** = Stoff, um eine Hose daraus zu nähen, **youngman** = Jugendlicher (statt young man), **dacoit** = Räuber (Hindi daku), **dacoity** = Raub, Überfall (Hindi dak), **Eve-teaser** = Mädchenbelästiger (wörtl. „Eva-Necker").

In Bussen sind gelegentlich die folgenden Warnungen zu sehen:

12 standees only
12 „Steher" nur
Nur 12 Stehpersonen gestattet.

Spittees not allowed!
„Spucker" nicht erlaubt!
Spucken verboten!

Einkaufen

Einkaufen (Shopping) ist ein fester Bestandteil des Reisens. Vielen Leuten sitzt während des Urlaubs das Portemonnaie lockerer als zu Hause. Es macht natürlich auch viel mehr Spaß, auf einem orientalischen Basar eine Kamellledertasche zu erstehen, als zu Hause am Grabbeltisch bei C & A das obligatorische Sweat-Shirt zu erwühlen, obwohl das Geschiebe und Gedränge ähnlich ist. Damit Einkaufen im Urlaub nicht in Streß ausartet, sollte man einige Redewendungen beherrschen, die einem die Sache erleichtern.

Falls man die **Zahlen** noch nicht kann, sollte man ihnen spätestens jetzt einige Aufmerksamkeit schenken. Denn je weiter man sich aus deutschen Landen entfernt, desto unüblicher wird es, die Ware auszuzeichnen. Natürlich helfen notfalls auch Papier und Schreibgerät.

Guten Tag, verkaufen Sie Postkarten?

Hello, do you sell postcards?
Hellou, du ju ßäll poustkahds
Hallo, tun Sie verkaufen Postkarten?

Ich möchte bitte ein Hemd kaufen.

I want to buy a shirt, please!
Ai wonnt tu häw/bai e schört, plihs
Ich möchte zu kaufen ein Hemd, bitte.

Was kostet das?

How much is it?
Hau matsch is it
Wie viel ist es?

Das ist zu teuer.

This is too expensive.
Is is tuh ixpännsif

Ich bekomme noch Geld zurück.

I get back some change (money).
Ai gett bäck ßamm tscheindsch (manni)
Ich bekomme zurück einiges Wechsel (Geld).

Können Sie Geld wechseln?

Can you change money?
kän ju tscheindsch manni
Können Sie wechseln Geld?

Ich mag es nicht.

I don't like it.
Ai dont laik it
Ich tu nicht mögen es.

Wie lange wird es dauern, meine Brille zu reparieren?

How long will it take to repair my glasses?
Hau long will it teik tu ripär mai glahßis
Wie lange wird es nehmen zu reparieren meine Brille?

Haben Sie den Badeanzug auch in einer kleineren Größe?

Have you got the swim-suit in a smaller size?
Häw ju gott e swimm-ßjuht in e ßmohler ßais
Haben Sie bekommen den Badeanzug in einer kleineren Größe?

Allgemeine Ausdrücke

cheap	*tschihp*	billig
(too) expensive	*tuh ixpännßif*	(zu) teuer
buy	*bai*	kaufen
shop	*schopp*	Laden/Geschäft
sell	*ßäll*	verkaufen

Geschäfte

antique shop	*enntihk schopp*	Antiquitätenladen
baker	*beiker*	Bäcker
bargain/haggle	*bahgein/häggl*	feilschen/handeln
boutique	*buhtihk*	Boutique
camping equipment	*kämmping equippment*	Campingartikel
dealer/trader	*dihler/treider*	Händler
department store	*dipartment stohr*	Kaufhaus
kiosk	*kiosk*	Kiosk
grocer's	*groußers*	Lebensmittelladen
butcher	*butscher*	Metzger/Fleischer
optician	*opptischen*	Optiker
dry-cleaner's	*drai-klihners*	Reinigung
travel agency	*träwwel eidschenßi*	Reisebüro
stationer's	*steischeners*	Schreibwarenladen
cobbler	*kobbler*	Schuhmacher
souvenir shop	*ßuwenirs schopp*	Souvenirladen
sports shop	*spohts schopp*	Sportartikelgeschäft
supermarket	*ßjupermarkitt*	Supermarkt
watch-maker	*wotsch-meiker*	Uhrmacher

Schmuck

watch	*wotsch*	Armbanduhr
bracelet	*breißlet*	Armreif
diamond	*daiemend*	Diamant
gold	*gould*	Gold
necklace	*näckless*	Kette
earring	*ihrring*	Ohrring
ring	*ring*	Ring
silver	*silwer*	Silber

Badeartikel

swimsuit	*ßwimmßjuht*	Badeanzug
swimming trunks	*ßwimming tranks*	Badehose
bikini	*bikinni*	Bikini
bellows	*bellous*	Blasebalg
lilo	*lailou*	Luftmatratze
rubber dinghi	*rabber dingi*	Schlauchboot
sunhat	*ßannhätt*	Sonnenhut

Kleidung

blouse	*blauß*	Bluse
belt	*bällt*	Gürtel
shirt	*schört*	Hemd
trousers	*trausers*	Hose
jacket	*dschäckitt*	Jacke
dress	*dräß*	Kleid
coat	*kout*	Mantel
pullover	*pullouwer*	Pullover
raincoat	*reinkout*	Regenmantel
skirt	*ßkört*	Rock
scarf	*ßkahf*	Schal/Halstuch
umbrella	*ambrälle*	Schirm
shoes	*schuhs*	Schuhe

Schreibwaren/Zeitung

postcard	*poustkahd*	Ansichts-/Postkarte
pencil	*pännßil*	Bleistift
writing paper	*raiting peiper*	Briefpapier
pen	*pänn*	Füllfederhalter
biro	*bairou*	Kugelschreiber
newspaper	*njuhspeiper*	Zeitung

Lebensmittel

beer	*biehr*	Bier
bread	*brädd*	Brot
butter	*batter*	Butter
vegetables	*wädschetebbls*	Gemüse
cheese	*tschihs*	Käse
coffee	*koffih*	Kaffee
milk	*milk*	Milch
mineral water	*minerell wohter*	Mineralwasser
fruit	*fruht*	Obst
juice	*dschuhs*	Fruchtsaft
tea	*tih*	Tee
wine	*wain*	Wein
sausage	*ßoßidsch*	Wurst

NEW YORK LOTTERY GAMES
NEW YORK LOTTERY
TAKE FIVE
PICK 10
INSTANT CASH
SWISHER SWEETS
Try
CAMEL
Genuine Taste
DORAL
MISTY
KOOL
Marlboro
Marlboro
Marlboro
KOOL

Liste der wichtigsten unregelmäßigen Verben

Verb	Vergangenheit	vollendete Gegenwart	Übersetzung
be	was/were	been	sein
become	became	become	werden
begin	began	begun	beginnen
blow	blew	blown	wehen/blasen
break	broke	broken	brechen
build	built	built	bauen
buy	bought	bought	kaufen
catch	caught	caught	fangen
come	came	come	kommen
cut	cut	cut	schneiden
do	did	done	tun
drink	drank	drunk	trinken
drive	drove	driven	fahren
eat	ate	eaten	essen
fall	fell	fallen	fallen
feel	felt	felt	fühlen
find	found	found	finden
fly	flew	flown	fliegen
forget	forgot	forgotten	vergessen
get	got	got	werden/ bekommen
give	gave	given	geben
go	went	gone	gehen
have	had	had	haben
hit	hit	hit	schlagen
know	knew	known	kennen/wissen

Verb	Vergangenheit	vollendete Gegenwart	Übersetzung
leave	left	left	verlassen
lose	lost	lost	verlieren
make	made	made	machen
meet	met	met	treffen
put	put	put	setzen/stellen/ legen
read	read	read	lesen
run	ran	run	rennen/laufen
say	said	said	sagen
see	saw	seen	sehen
sell	sold	sold	verkaufen
send	sent	sent	senden
shut	shut	shut	schließen
sit	sat	sat	sitzen
sleep	slept	slept	schlafen
speak	spoke	spoken	sprechen
spend	spent	spent	verbringen
stand	stood	stood	stehen
steal	stole	stolen	stehlen
swim	swam	swum	schwimmen
take	took	taken	nehmen
tell	told	told	erzählen
think	thought	thought	denken
understand	understood	understood	verstehen
write	wrote	written	schreiben

Cathach Books
ANTIQUARIAN SPECIALIST
MAPS PRINTS
10, DUKE ST.

Das nachfolgende Wörterverzeichnis gibt es einmal Deutsch-Englisch und einmal Englisch-Deutsch, so daß man Wörter nachschauen kann, wenn man einerseits selbst formulieren und andererseits etwas Gehörtes verstehen möchte.

Das Verzeichnis umfaßt ca. 1000 Wörter des Grundwortschatzes, einschließlich der wichtigsten Wörter aus den vorangegangenen Kapiteln. Es ist allerdings unerläßlich, ein Wörterbuch mitzuführen, um auch Redesituationen, die im vorliegenden Sprechführer möglicherweise unberücksichtigt geblieben sind, bewältigen zu können.

Die Abkürzung **s.b.** *bedeuted* somebody *(jemand).*

A

Abend evening
abends in the evening
Abreise departure
ablegen(Schiff) sail/leave
Abschleppseil towrope
Abtreibung abortion
Adresse address
alle/s all
allein alone
allergisch allergic
alt old
Ampel traffic lights
Anfall attack/fit
Anker anchor
Ankunft arrival
Anmeldung *(Hotel)* registration
jdn. anrufen *(Tel.)* give s.b. a call, ring s.b. up
Anschlußflug connecting flight
anschnallen fasten seat belt
ansteckend catching
jdn. anzeigen report s.b.
Apfel apple
April April
Apotheke chemist
arbeiten work
arm poor
Arm arm
Arzt doctor
Aschenbecher ashtray
atmen breathe
Aufenthaltsraum lounge
Aufzug elevator/lift
Ausgang exit
aussteigen get off
Auto car
Autobahn motorway

B

Badeanzug swimsuit
Badehose swimming trunks
Badezimmer bathroom
Bäcker baker
Bank *(Geld)* bank
Bargeld cash
Batterie battery
Behandlung treatment
Bein leg
bekommen get
belästigen pester
bequem comfortable
besetzt engaged
besser better
Besteck cutlery

Bestimmungsort destination
bezahlen pay
Bier beer
billig cheap
Billigtarif cheap rate
Blasebalg bellows
Bleistift pencil
Blinddarm appendix
Bluse blouse
Blut blood
Boot boat
Brathuhn roast chicken
Bremse brake
Brille glasses
Brief letter
Briefmarke stamp
Brieftasche wallet
Brot bread
Bruch *(Knochen)* fracture
Bruder brother
Brust breast
Buch book
buchen book
Buchhandlung bookshop
buchstabieren spell
Bus bus
Bushaltestelle bus stop
Butter butter

C

Camping camping
Campingbus camper
Campingplatz campsite

D

da there
Dame lady
Damentoilette ladies' room
Dampfer steamer
Danke thank you
das *(Art)* the
das da that
dauern take
deklarieren declare
der the
Deutschland Germany
die the
Dieb thief
Diebstahl theft
Dienstag Tuesday
dies/e this
Donnerstag Thursday
Doppelzimmer double room
Drogen drugs
Druck pressure
Du you
dürfen may
Durchfall diarrhoea
durchwählen dial straight through
Dusche shower

E

Ehefrau wife
Ehemann husband
Ei egg
eigen/es/er own
Eilbrief express letter
einfach *(Fahrkarte)* single
einige some
einkaufen go shopping
Einreise entry
Einschreibebrief registered letter
Einzelzimmer single room
Empfänger addressee
Entschuldigung! sorry!
erste/r/s first
essen eat
Essig vinegar
Etage floor
etwas something

F

Fähre ferry
fahren go/drive
Fahrkarte ticket
Fahrplan timetable
falsch wrong
Familie family
Familenname surname
Februar February
Fenster window
Ferien holidays
Ferngespräch long-distance call
Fieber temperature
Finger finger
Fleisch meat
fliegen fly
Flug flight
Flughafen airport
Flugsteig gate
Flugzeug plane
Formular form
Fotoapparat camera
Frage question
fragen ask
Frau/en woman/women
Freitag Friday
Fremdenführer guide
Freund/in friend
Frisör hair-dresser
Frühling spring
Frühstück breakfast
führen lead
Führerschein driving-licence
Fundbüro lost property office
funktionieren work
Fuß/Füße foot/feet

G

Gabel fork
Gallone gallon
Gang *(Auto)* gear
gebacken baked
geben give
Gefängnis prison
gehen go
gekocht boiled
Geld money
Geldbetrag amount (of money)
Geldwechsel exchange
Gemüse vegetables
genug enough
Gepäck luggage
geradeaus straight on
Geschäft shop/business
Geschlechtsverkehr intercourse
Gesicht face
Gespräch conversation
gestern yesterday
Getränk drink
Gewürz spice
glauben think/believe
Grippe flu
Größe *(Kleidung)* size
gültig valid
Gürtel belt
gut good

H

Hafen harbour
Hähnchen chicken
halb half
Hals throat/neck
Halsschmerzen sore throat
Hand hand
Handtasche handbag
Handtuch towel
Hauptstadt capital
Haus house
Hausfrau housewife
heiß hot
Hemd shirt
Herbst autumn
Herrentoilette gents
Herz heart
hinaus out
hier here
Hitze heat

Hörer *(Tel.)* receiver
Honig honey
Hose trousers
Hotel hotel
hungrig hungry

I

Ich I
Ihr your
inbegriffen included
Informationsschalter information desk
Innenstadt city center

J

ja yes
Jacht yacht
Jacke jacket
Jahr year
Januar January
Jahreszeit season
jetzt now
jucken itch
Juli July
Juni June
Jugendherberge youth hostel
Junge boy
Juwelier jeweller

K

Kabel wire/cable
Kabine cabin
Käse cheese
Kaffee coffee
kalt cold
Kartoffel potato
kaufen buy
Kaufhaus department store
Kellner/in waiter/waitress
Kfz-Mechaniker car mechanic
Kilometer kilometre
Kind/er child/children
Kinderfahrkarte half
Kissen pillow
klar clear
klein little/small
Knochen bone
Koch cook
können can
Koffer suitcase
kommen come
Konsulat consulate
Kopf head
krank sick/ill
Krankenhaus hospital
Kräuter herbs
Kreuzung crossroads
kühl cool
küssen kiss
Kuß kiss
Küste coast
Kugelschreiber biro
Kursbuch railway guide

L

Laden shop
Laken sheet
lang/e long
langsam slow
langweilig boring
leben live
Leben life
Lebensmittelladen grocer's
lesen read
letzte/r/es last
Liebe love
lieben love
Liegewagen couchette
links left
Lippe lip
Luftkrankheit air-sickness
Luftmatratze lilo

M

machen make
Mädchen girl
Magen stomach
Mai May
Mann/Männer man/men
Matratze mattress
Medikament medicine
Meer sea
mehr more
Meinung opinion
meiner Meinung nach in my opinion
Menstruation menstruation
Metzger butcher
mieten rent
Milch milk
Mineralwasser mineral water
Minute minute
mit with
Mittagessen lunch
Mittwoch Wednesday
mögen like/want
Moment moment
Monat month
Montag Monday
Mord murder
Mörder murderer
Morgen morning
morgen tomorrow
morgens in the morning
Mund mouth
Museum museum
Mutter mother

N

nach *(zeitl.)* past
Nachmittag afternoon
Nachrichten news
nächste/r/s *(örtl.)* nearest
Nacht night
Name name
nehmen take
nein no
nett nice
nervös nervous
neu new
nicht not
nichts nothing
Normalbenzin regular grade petrol
Notausgang emergency exit
Notbremse emergency brake
Null zero
Nummer(Nr.) number(No.)

O

oben on top
Obst fruit
oder or
öffnen/offen open
Öl oil
ohne without
Oktober October
Optiker optician
Ortgespräch local call

P

ein paar a few
ein Paar a pair of
Paket/Päckchen parcel
Panne breakdown
parken park
Parkuhr parking meter
Passagier passenger
Patient patient
Pension boarding house/ bed and breakfast
Personalausweis identity card
Pfeffer pepper
Platzkarte seat reservation
Polizeiwache police station

Polizist policeman
Portemonnaie purse
Porto postage
Porzellan china
Postamt post-office
Postsparbuch post-office savings book
prüfen check
pünktlich in time

R

Rad wheel
Radio radio
rauchen smoke
Rasierapparat razor
rasieren shave
Rechnung bill
rechts right
Regen rain
Regenmantel raincoat
Regenschirm umbrella
(chem.) **Reinigung** dry cleaner's
Reise journey/trip
reisen travel
Reisebüro travel agency
reparieren repair/fix
Rezept *(Arzt)* prescription
richtig right
Richtung direction
Ring ring
Rücken back
Rückfahrkarte return ticket
ruhig quiet

S

Sache thing
sagen say/tell
Saft juice
Salat salad
Salbe ointment
Salz salt
Samstag Saturday
schade! what a pity!
Schaffner conductor
Schalter counter
Schiff boat/ship
schlafen sleep
Schlafwagen sleeper
Schlauchboot rubber dinghi
schlecht bad
Schlüssel key
Schmerz pain
Schmuck jewellery
schnell quick/fast
Schnellzug express train
schön beautiful
schreiben write
Schreibwarenladen stationer's
schreien cry
Schuh shoe
Schule school
Schulter shoulder
Schuster cobbler
schwanger pregnant
Schwangerschaft pregnancy
Schwein pig
Schweinefleisch pork
Schwester sister
sehen see
Seife soap
seltsam strange
September September
Serviette napkin
sicher safe/sure
sie *(Einzahl)* she
sie *(Mehrzahl)* they
Sie you
Sommer summer
Sonntag Sunday
Spaziergang walk
spazieren gehen go for a walk
spielen play
Spritze injection
Stadt town
starten start
Steckdose socket

Stecker plug
Stein stone
Strand beach
streicheln caress
Strom electricity
ein Stück von a piece of
Stunde hour
süß sweet
Suppe soup

T

Tabak tobacco
Tabakladen tobacconist
Tablette tablet
Tag day
täglich daily
Tankwart attendant
tanzen dance
Tasche bag
Tee tea
Telefon telephone
Telefonbuch telephone directory
Telefonzelle call box
Teller plate
teuer expensive
Tisch table
Tochter daughter
Toilette lavatory
toll great/far out
Touristennest tourist haunt
trocken dry
Turm tower

U

U-Bahn underground
übel sick
Übelkeit nausea
Überfahrt crossing
Überfall raid
überholen *(Auto)* overtake
(sich) **übergeben** vomit
übersetzen translate
Übersetzung translation
Uhr clock
und and
Unfall accident
ungefähr about
unser our
unter under
Unterkunft accomodation
unschuldig innocent
unterschreiben sign
Unterschrift signature
Untersuchung examination

V

Vater father
vegetarisch vegetarian
verboten prohibited
verbringen spend
verdienen earn
verfolgen follow
vergwaltigen rape
Verhütungsmittel contraceptive
Verkäufer/in shop assistent
Verkehrsschild road sign
verlassen leave
verletzen hurt
verletzt hurt
verliebt in love
versichert insured
vielleicht perhaps
voll full
vorgestern the day before yesterday
Vorname first name
vorsichtig careful
Vorspeise starter
vorzüglich excellent

W

wählen *(Tel.)* dial
Währung currency
wahrscheinlich probably
Wagenheber lifting jack
Waren goods
was what
Waschbecken basin
Wasser water
Wasserhahn tap
Wechselgeld change
Wechselkurs exchange rate
wechseln change
wecken wake
Weihnachten Christmas
weinen cry
wer who
Werkzeug tools
wie how
Windschutzscheibe windscreen
Winter winter
wir we
Witz joke
Woche week
Wohnmobil caravan
wunderbar wonderful

Z

zählen count
zahlen pay
Zahnarzt dentist
Zahnbürste tooth brush
Zahnpasta tooth paste
Zeitung newspaper
Zelt tent
Zeuge witness
Zielort destination
Zigarette cigarette
Zigarre cigar
Zoll *(Geld)* duty
Zoll *(Behörde)* customs
Zoo zoo
zuerst first
Zug train
zurück back
zustimmen agree
Zwischenlandung stopover

THE
DUKE
SPIRITS
Coffee Shop

A

a dozen ein Dutzend
a few paar, ein
a pair of Paar, ein
abortion Abtreibung
about ungefähr
absent abwesend
accelerate Gas geben
accident Unfall
accomodation Unterunft
accompany begleiten
account Konto
accusation Anklage
acquaintance Bekanntschaft
actor Schauspieler
actress Schauspielerin
address Adresse
addressee Empfänger
addressee Empfänger
admission Eintritt
advantage Vorteil
affair Angelegenheit
afford something leisten *(sich etwas)*
afternoon Nachmittag
agree zustimmen
agree with übereinstimmen mit
airport Flughafen
air-sickness Luftkrankheit
all alle/s
allergic allergisch
alone allein
although obwohl
amber Bernstein
ambulance Krankenwagen
amount *(of money)* Geldbetrag
anchor Anker
and und
angry zornig
animal Tier
ankle Knöchel
annoy ärgern
anorak Anorak
appendix Blinddarm
apple Apfel
appropriate angemessen
April April
area Gegend
arm Arm
arrival Ankunft
arrogance Anmaßung
ashtray Aschenbecher
ask fragen
at once sofort
attack Anfall
attendant Tankwart
attention Aufmerksamkeit
autumn Herbst
avoid vermeiden

B

back Rücken
back zurück
bacon Speck
bad schlecht
bag Tasche
baked gebacken
baker Bäcker
bank Bank *(Geld)*
basin Waschbecken
basket Korb
bathroom Badezimmer
battery Batterie
be missing fehlen
be slow nachgehen *(Uhr)*
beach Strand
beans Bohnen
beautiful schön
become werden
bedside table Nachttisch
beer Bier

beggar Bettler
behave benehmen, sich
bell Klingel
bellows Blasebalg
belt Gürtel
better besser
big groß
bill Rechnung
binoculars Fernglas
bird Vogel
biro Kugelschreiber
birth Geburt
birthday Geburtstag
bitter bitter
black schwarz
bladder Blase
blazing strahlend *(Sonne)*
blood Blut
blood pressure Blutdruck
blouse Bluse
blow blasen
board and lodging Unterkunft und Verpflegung
boarding-house Gasthof
boarding house/bed and breakfast Pension
boast angeben/prahlen
boat Boot
boat/ship Schiff
boiled gekocht
bone Knochen
book Buch
book buchen
bookshop Buchhandlung
border Grenze
boring langweilig
borrow borgen
bowl Schüssel
boy Junge
brain Verstand
brain Gehirn
brake Bremse
bread Brot
breakdown Panne
breakdown service Abschleppdienst
breakfast Frühstück
breast Brust
breathe atmen
broken kaputt
bronchitis Bronchitis
brother Bruder
bulb Birne *(Glühbirne)*
burn ointment Brandsalbe
bus Bus
bus stop Bushaltestelle
busy beschäftigt; geschäftig
butcher Metzger
butter Butter
buy kaufen

C

cabbage Kohl
cabin Kabine
call box Telefonzelle
calm/quiet ruhig
camera Fotoapparat
camper Campingbus
camping Camping
campsite Campingplatz
can können
capital Hauptstadt
car Auto
car mechanic Kfz-Mechaniker
car park Parkplatz
caravan Wohnmobil
cardigan Strickjacke
careful vorsichtig
caress streicheln
carpet Teppich
carrot Mohrrübe
cash Bargeld
castle Schloß
cat Katze
catch a cold erkälten, sich
catching ansteckend
catholic katholisch
cauliflower Blumenkohl
cave Höhle
century Jahrhundert
chair Stuhl

change Wechselgeld
change wechseln
charge aufladen *(Batterie)*
cheap billig
cheap rate Billigtarif
check prüfen
cheese Käse
chemist Apotheke
cherry Kirsche
chess Schach
chicken Hähnchen
child/children Kind/er
chilly frostig
china Porzellan
chips, French fries Pommes frites
chives Schnittlauch
chocolate Schokolade
choice Wahl
choice Auswahl
chop Kotelett
Christmas Weihnachten
cigar Zigarre
cigarette Zigarette
city center Innenstadt
clear klar
clergyman Pfarrer
climate Klima
cloakroom Garderobenraum
clock Uhr
cloudy bewölkt
coast Küste
cobbler Schuster
coffee Kaffee
coin Münze
cold kalt
collar-bone Schlüsselbein
colour Farbe
come kommen
come in! Herein!
come off abgehen/abfallen
comfortable bequem
compassion Mitleid
concussion Gehirnerschütterung
conductor Schaffner
connecting flight Anschlußflug
constant ständig
consulate Konsulat
consume aufbrauchen
contact lenses Kontaktlinsen
contraceptive Verhütungsmittel
contradict widersprechen
contribute beisteuern
conversation Gespräch
cook Koch
cool kühl
cork screw Korkenzieher
corruption Bestechlichkeit
cotton Baumwolle
couchette Liegewagen
count zählen
counter Schalter
cranberry Preiselbeere
cream Sahne
crossing Überfahrt
crossroads Kreuzung
cry schreien
cry weinen
cucumber Gurke
currency Währung
custody Haft
customs Zoll *(Behörde)*
cutlery Besteck

D

daily täglich
dance tanzen
danger of death Lebensgefahr
dark dunkel
date of birth Geburtsdatum
dates Datteln
daughter Tochter
day Tag
december Dezember

declare deklarieren
dentist Zahnarzt
denture Gebiß *(künstl.)*
deny leugnen
department store Kaufhaus
departure Abreise
desperate verzweifelt
dessert Nachtisch
destination Zielort
destination Bestimmungsort
determination Entschlossenheit
diabetic Diabetiker
dial wählen *(Tel.)*
dial straight through durchwählen
diarrhoea Durchfall
die sterben
dig graben
diminish vermindern
direction Richtung
disinfectant Desinfektionsmittel
dislike (of) Abneigung
district Stadtteil
disturb stören
dive tauchen
diving equipment Taucherausrüstung
divorce sich scheiden lassen
doctor Arzt
door handle Türklinke
door-lock Türschloß
double room Doppelzimmer
drain Abfluß
dress Kleid
drink Getränk
driving-licence Führerschein
drugs Drogen
dry trocken
dry trocknen
dry herb *(Wein)*
dry cleaner's Reinigung *(chem.)*
duck Ente
duration Dauer
duty Zoll *(Geld)*

E

earn verdienen
earthquake Erdbeben
eat essen
egg Ei
elastic bandage Elastikbinde
elbow Ellbogen
electricity Strom
elevator/lift Aufzug
embassy Botschaft
emergency brake Notbremse
emergency exit Notausgang
emperor Kaiser
engaged besetzt
engaged besetzt
enough genug
entry Einreise
evening Abend
examination Untersuchung
excavations Ausgrabungen
excellent vorzüglich
exchange Geldwechsel
exchange rate Wechselkurs
excursion Landausflug
exit Ausgang
exit visa Ausreisevisum
expensive teuer
express letter Eilbrief
express train Schnellzug

F

face Gesicht
faint Ohnmacht
fall stürzen
family Familie
fasten seat belt anschnallen
fasten seat belts anschnallen
fat fett
father Vater
February Februar
fee Benutzungsgebühr
ferry Fähre
figs Feigen
finger Finger
first zuerst
first erste/r/s
first name Vorname
fishing licence Angelschein
flat flach
flight Flug
floor Etage
flower Blume
flu Grippe
fly fliegen
follow verfolgen
follow folgen
food-poisoning Lebensmittelvergiftung
foot/feet Fuß/Füße
forest Wald
fork Gabel
form Formular
fountain Brunnen
fracture Bruch *(Knochen)*
free kostenlos
freedom/liberty Freiheit
Friday Freitag
friend Freund/in
fruit Obst
full voll
full board Vollpension

G

gallon Gallone
garden Garten
garlic Knoblauch
gate Flugsteig
gear Gang (Auto)
gents Herrentoilette
Germany Deutschland
get bekommen
get accustomed to gewöhnen an
get excited aufregen, sich
get off aussteigen
girl Mädchen
give geben
give s.b. a call anrufen, jdn. *(Tel.)*
gland Drüse
glasses Brille
glossy glänzend
glue Klebstoff
go gehen
go for a walk spazieren gehen
go shopping einkaufen
go/drive fahren
good gut
goods Waren
government Regierung
grandfather Großvater
grandmother Großmutter
grapes Weintrauben
greasy fettig
great/far out toll
green grün
grey grau
grilled gegrillt
grocer's Lebensmittelladen
grown-up erwachsen
guide Fremdenführer
guilt Schuld

H

habit Gewohnheit
hail Hagel
hair Haar
hair brush Haarbürste
hair-dresser Frisör
half halb
half Kinderfahrkarte
ham Schinken
hand Hand
handbag Handtasche
handle Griff
hanger Kleiderbügel
happen geschehen
harbour Hafen
harbour police Hafenpolizei
hard hart
hatred Haß
head Kopf
heart Herz
heat Hitze
helpful hilfsbereit
herbs Kräuter
here hier
high tide Flut
history Geschichte
holidays Ferien
honey Honig
honk hupen
horse Pferd
hospital Krankenhaus
hot heiß
hotel Hotel
hour Stunde
hourly stündlich
house Haus
housewife Hausfrau
how wie
hungry hungrig
hurt verletzen
hurt verletzt
husband Ehemann

I

I Ich
identity card Personalausweis
illuminate erleuchten
impatience Ungeduld
improve verbessern
impudence Frechheit
in love verliebt
in my opinion meiner Meinung nach
in the evening abends
in the morning morgens
in time pünktlich
included inbegriffen
independent unabhängig
indicator Blinker
indifferent gleichgültig
inflammation Entzündung
information desk Informationsschalter
injection Spritze
injustice Ungerechtigkeit
innocent unschuldig
insomnia Schlaflosigkeit
insult beleidigen
insured versichert
intentionally absichtlich
intercourse Geschlechtsverkehr
investigation Untersuchung *(jur.)*
island Insel
itch jucken

J

jacket Jacke
January Januar
jaw Kiefer
jeweller Juwelier
jewellery Schmuck
joke Witz
journey/trip Reise
juice Saft
July Juli
June Juni

K

key Schlüssel
kidney Niere
kilometre Kilometer
king König
kingdom Königreich
kiss küssen
kiss Kuß
knee Knie

L

ladies' room Damentoilette
lady Dame
lake See *(Binnen)*
lamb Lamm
larynx Kehlkopf
last letzte/r/es
lavatory Toilette
lawyer Rechtsanwalt
laxative Abführmittel
lead führen
lean mager
leave verlassen
left links
leg Bein
letter Brief
lettuce Kopfsalat
life Leben
lift Fahrstuhl
lifting jack Wagenheber
light Licht
like/want mögen
lilo Luftmatratze
liniment Einreibemittel
lip Lippe
little/small klein
live leben
liver Leber
lobster Hummer
local call Ortgespräch
loin Lende
long lang/e
long-distance call Ferngespräch
lorry/truck Lastwagen
lost property office Fundbüro
lounge Aufenthaltsraum
love Liebe
love lieben
low tide Ebbe
luggage Gepäck
lunch Mittagessen

M

maiden name Geburtsname
make machen
man/men Mann/Männer
map Landkarte
map of the town Stadtplan
match Streichholz
mattress Matratze
May Mai
may dürfen
meat Fleisch
mechanic Mechaniker
medicine Medikament
menstruation Menstruation
midwife Hebamme
mild mild
milk Milch
minced meat Hackfleisch
mineral water Mineralwasser
minute Minute
mirror Spiegel
misery Elend
mix mischen
moist/damp feucht
moment Moment
Monday Montag

money Geld
month Monat
mood Stimmung
more mehr
morning Morgen
mosque Moschee
mother Mutter
motorway Autobahn
mountain Berg
moustache Schnurrbart
mouth Mund
mudguard Kotflügel
murder Mord
murderer Mörder
museum Museum
mushroom Pilz *(Speisepilz)*
mussels Muscheln *(eßbar)*

N

name Name
napkin Serviette
narrow schmal
narrow eng
nausea Übelkeit
nearest nächste/r/s *(örtl.)*
neighbour Nachbar
nervous nervös
new neu
news Nachrichten
newspaper Zeitung
next nächster *(Reihenfolge)*
nice nett
night Nacht
night duty Nachtdienst
no nein
not nicht
nothing nichts
now jetzt
number plate Nummernschild
number(No.) Nummer (Nr.)
nurse Krankenschwester
nut Nuß

O

ocean Ozean
October Oktober
oil Öl
ointment Salbe
old alt
old-fashioned altmodisch
on foot zu Fuß
on top oben
one-way street Einbahnstraße
open öffnen/offen
opinion Meinung
optician Optiker
or oder
our unser
out hinaus
overcast bedeckt *(Wetter)*
overtake überholen
overtake überholen *(Auto)*
own eigen/es/er

P

packed lunch Lunchpaket
pain Schmerz
palace Palast
paprika Paprika *(Gewürz)*
paralysis Lähmung
parcel Paket/Päckchen
park parken
parking disc Parkscheibe
parking meter Parkuhr
parsley Petersilie
passenger Passagier
past nach *(zeitl.)*

pastime Zeitvertreib
pastries Gebäck
patient Patient
pavement Gehweg
pay zahlen
pay bezahlen
peach Pfirsich
peanuts Erdnüsse
pear Birne *(Frucht)*
pedestrian Fußgänger
pencil Bleistift
people Leute
pepper Pfeffer
peppers Paprika *(Schoten)*
performance Vorstellung *(Theater)*
perfume Parfum
perhaps vielleicht
pester belästigen
petrol can Benzinkanister
picture Bild
piece of ein Stück von
pig Schwein
pillow Kissen
pillow Kopfkissen
pineapple Ananas
place of birth Geburtsort
plane Flugzeug
plant Pflanze
plastic bag Plastikbeutel
plate Teller
play spielen
play spielen
plug Stecker
plum Pflaume
police station Polizeiwache
policeman Polizist
poor arm
population Bevölkerung
pork Schweinefleisch
postage Porto
post-office Postamt
post-office savings book Postsparbuch
pot Topf
potato Kartoffel
power Macht
precious kostbar
prefer bevorzugen
pregnancy Schwangerschaft
pregnant schwanger
preparation Zubereitung
prescription Rezept *(Arzt)*
present Geschenk
president Präsident
pressure Druck
pretend vortäuschen
prevent s.b. from abhalten, jdn. von
primitive primitiv
prison Gefängnis
probably wahrscheinlich
progress Fortschritt
prohibited verboten
proof Beweis
property Eigentum
proposal Vorschlag
protestant protestantisch
public convenience Bedürfnisanstalt
pull ziehen/reißen
punishment Strafe
purse Portemonnaie
pyjamas Schlafanzug

Q

quarrel Streit
queen Königin
question Frage
quick/fast schnell
quiet ruhig

R

radio Radio
raid Überfall
railway guide Kursbuch
rain Regen
raincoat Regenmantel
rape vergwaltigen
raspberry Himbeere
rather ziemlich
raw roh
razor Rasierapparat
razor blade Rasierklinge
read lesen
reading lamp Nachttischlampe
reasonable vernünftig
receiver Hörer *(Telefon)*
recommend empfehlen
recover from erholen von, sich
reduction Ermäßigung
refreshments Erfrischungen
registered letter Einschreibebrief
registration Anmeldung *(Hotel)*
regular grade petrol Normalbenzin
regulations Bestimmungen
religion Religion
rent mieten
repair/fix reparieren
repeat wiederholen
report s.b. anzeigen, jdn.
reserved zurückhaltend
resist widerstehen
responsible verantwortlich
result Ergebnis
return zurückkehren
return ticket Rückfahrkarte
revenge Rache
right rechts
right richtig
ring Ring
ring s.b. up anrufen, jdn. *(Tel.)*
road sign Verkehrsschild
roadworks Straßenarbeiten
roast chicken Brathuhn
roasted geröstet
rob rauben
roll Brötchen
rubber dinghi Schlauchboot
ruin ruinieren

S

safe/sure sicher
safety pin Sicherheitsnadel
sail/leave ablegen *(Schiff)*
salad Salat
salt Salz
salted gesalzen
Saturday Samstag
sauna Sauna
say/tell sagen
school Schule
sciatica Ischias
scissors Schere
scrambled eggs Rühreier
screwdriver Schraubenzieher
sea Meer
season Jahreszeit
seat reservation Platzkarte
see sehen
seldom selten
self-confidence Selbstvertrauen
sensitive empfindsam
September September
serious ernst
shallow seicht
shape Gestalt, Form

shave rasieren
shaving brush Rasierpinsel
shaving soap Rasierseife
she sie *(Einzahl)*
sheet Laken
shirt Hemd
shoe Schuh
shoot schießen
shop Laden
shop assistent Verkäufer/in
shop/business Geschäft
shoulder Schulter
shower Dusche
shy schüchtern
sick übel
sick/ill krank
sightseeing tour Rundfahrt
sign unterschreiben
signature Unterschrift
silk Seide
single einfach *(Fahrkarte)*
single room Einzelzimmer
sister Schwester
size Größe *(Kleidung)*
skull Schädel
sleep schlafen
sleeper Schlafwagen
slice Scheibe *(Brot)*
slippers Hausschuhe
slow langsam
smoke rauchen
snake Schlange
soap Seife
society Gesellschaft
socket Steckdose
some einige
something etwas
sore throat Halsschmerzen
sorry! Entschuldigung!
soup Suppe
spare part Ersatzteil
speed limit Geschwindig-keitsbegrenzung
spell buchstabieren
spend verbringen
spice Gewürz
spleen Milz
spoon Löffel
spring Frühling
srew Schraube
stain Fleck
stamp Briefmarke
start starten
starter Vorspeise
stationer's Schreibwarenladen
steamed gedünstet
steamer Dampfer
steep steil
stew Eintopf
stomach Magen
stone Stein
stopover Zwischenlandung
stormy stürmisch
straight on geradeaus
strange seltsam
straw hat Strohhut
strawberry Erdbeere
strict streng
string Bindfaden
stroke Schlaganfall
stuffed gefüllt *(Küche)*
substantial nahrhaft *(reichlich)*
substitute Ersatz
sufficient ausreichend
suitcase Koffer
summer Sommer
summit Gipfel
sunburnt sonnenverbrannt
sundae Eisbecher
Sunday Sonntag
supplementary ticket Zuschlag
suppository Zäpfchen *(med.)*
surgery Sprechzimmer *(Arzt)*
surname Familienname

surroundings Umgebung
sweet süß
swimming trunks Badehose
swimsuit Badeanzug
swollen geschwollen

T

table Tisch
table cloth Tischdecke
tablet Tablette
take nehmen
take dauern
take a supplementary ticket nachlösen
talkative gesprächig
tap Wasserhahn
task Aufgabe
taste schmecken
tea Tee
telephone Telefon
telephone directory Telefonbuch
television Fernsehen
temperature Fieber
tender zart
tent Zelt
terrible/awful schrecklich
thank you Danke
that das da
the der, die, das
the day after tomorrow übermorgen
the day before yesterday vorgestern
the shivers Schüttelfrost
theft Diebstahl
there da
they sie *(Mehrzahl)*
thief Dieb
thigh Oberschenkel
thigh Schenkel
thing Sache
think/believe glauben
this dies/e
throat/neck Hals
thumb Daumen
Thursday Donnerstag
ticket Fahrkarte
tie Krawatte
tights Strumpfhose
timetable Fahrplan
tin-opener Büchsenöffner
tip Trinkgeld
tobacco Tabak
tobacconist Tabakladen
toe Zehe
toilet-paper Toilettenpapier
tomorrow morgen
tonsils Mandeln *(Körper)*
tools Werkzeug
tooth brush Zahnbürste
tooth paste Zahnpasta
top up nachfüllen
torch Taschenlampe
touch berühren
tourist haunt Touristennest
towel Handtuch
tower Turm
town Stadt
town hall Rathaus
towrope Abschleppseil
toy Spielzeug
traffic Verkehr
traffic lights Ampel
train Zug
tranquillizer Beruhigungsmittel
translate übersetzen
translation Übersetzung
travel reisen
travel agency Reisebüro
treatment Behandlung
trousers Hose
Tuesday Dienstag

U

umbrella Regenschirm
unconscious bewußtlos
under unter
under age minderjährig
underground U-Bahn

V

valid gültig
valley Tal
veal Kalbfleisch
vegetables Gemüse
vegetarian vegetarisch
velvet Samt
venereal disease Geschlechtskrankheit
venison Reh *(Küche)*
village Dorf
vinegar Essig
visiting hours Besuchszeit
vomit übergeben, sich

W

waiter/waitress Kellner/in
wake wecken
walk Spaziergang
wallet Brieftasche
warning triangle Warndreieck
water Wasser
waterfall Wasserfall
waterproof wasserdicht
wave Welle
we wir
Wednesday Mittwoch
week Woche
week-day Wochentag
well-done durchgebraten
what was
what a pity! schade!
wheel Rad
whipped cream Schlagsahne
who wer
whooping cough Keuchhusten
wife Ehefrau
window Fenster
window seat Fensterplatz
windscreen Windschutzscheibe
winter Winter
wire Kabel
with mit
within innerhalb
without ohne
witness Zeuge
woman/women Frau/en
wonderful wunderbar
wool Wolle
work arbeiten; funktionieren
working-day Werktag
write schreiben
wrong falsch

X, Y & Z

x-ray röntgen
yacht Jacht
year Jahr
yes ja
yesterday gestern
you Sie
you Du
your Ihr
youth hostel Jugendherberge
zero Null
zoo Zoo

Doris Werner-Ulrich,
Jahrgang 1957, lebt bei Darmstadt.

Ein einjähriger USA-Aufenthalt sowie viele Reisen durch Großbritannien und andere Länder (UdSSR, Nordafrika, Europa) während ihres Anglistikstudiums ließen sie umfangreiche praktische Erfahrungen sammeln mit all den Redesituationen, in die Globetrotter am häufigsten geraten.

Durch ihre jahrelange Unterrichtspraxis als Englischlehrerin ist sie zudem mit den Problemen von Anfängern in der englischen Sprache bestens vertraut.